U0020410

Bistrot
走進巴黎小酒館

貝爾東・歐布瓦諾
(Bertrand Auboyneau)

法蘭朔・西蒙
(François Simon)

MOMENT.....
DE BOURGUEIL 2009
22€
ROUGE
24€
30€
"LA HAUTE PIÈCE"
38€
2006 ROUGE
39€
DOMAINE DE LA
25€
39€
GRAPPERIE
RENAUD GUETTIER
32€
PRIMEUR ROUGE
35€
CATALANES 2006
32€
DOMAINE DES MILLE
VALERIE GUERIN
ROUGE
COLLINE
26€
avec
RESTAURANT
VOYAGEURS

MENU à 16,50€
entrée + plat + fromage ou dessert
Salade d'endives aux noix
cRoustillant de groin de cochon, sauce tartare
Dos de lieu jaune Rôti purée à l'huile d'olive
Parmentier de boudin noir et sa salade
crème caramel
Baba au Rhum
entrée : 4€ plat : 11€ fromage ou dessert : 4€
La maison n'accepte plus les chèques
Le Monde
Immigration, face aux espoirs arabes, les peurs européennes
CAMEMBERT

目錄

Bistrot Paul Bert小酒館一角的餐桌陳設（前二頁）；餐館日常即景（左頁）。

與Bertrand Auboyneau 一起走進Bistrot Paul Bert小酒館

人生好像千層派，有甜有鹹、有苦有酸，一層夾著一層。我的人生也是如此，我曾造訪世界上許多地方：非洲、中東、葡萄牙。我喜歡當地的人們，他們的熱情好客讓人難以拒絕。那裡的陽光總是太過明媚，沙漠永遠空曠的像是沒有邊界。我也喜愛生活在那些國度裡的女性，她們低調的像是隱形人，卻又無所不在，時時分配餐點，並為大家沖茶倒水。因為宗教信仰的關係，所以在那裡只能用右手製作羊肉丸，女人們用小羔羊肉配上番紅花來調味增色。在葡萄牙，我第一次見識到芫荽、鹽漬鱈魚和玉米麵包。之後在法國中西部的科雷茲省（Corrèze），我看見了水蠻以及到處長滿牛肝菌（cèpe）的森林；在西北部的諾曼地，有樹林圈起的塊塊良田以及最道地的鮮奶油。還有法國的布列塔尼，我對這裡的喜愛從童年開始延續至今，這得歸功於過去來自父母的影響，以及後來我的妻子關娜・卡朵蕾（Gwenaëlle Cadoret）對她的家族、對於大海和這個地區的熱愛。

在過去超過三十年的時光裡，不管身處世界哪個角落，我總有一處心靈休息站。雖然散落在城市裡的各個角落，但對我就像沙漠中的綠洲一樣。在這些地方，我發現來自剛果金夏沙的烤玉米可以帶來鼓勵與安慰，感受到塞內加爾達卡媽媽的笑容，在黎巴嫩貝魯特嘗到白咖啡的滋味，還有葡萄牙里斯本上城的蛤蜊悶炒豬肉和橄欖鱈魚，更別說關於巴黎的點點滴滴回憶……

記得有個星期六的夜晚，我與馬克・蘇凡（Marc Souverain）共進的那餐羊腿排，蘇凡是位有名的建築師及老爺車和女人的專家，當時還是巴黎Chardenoux的老闆。他的餐廳距離二十年後的Bistrot Paul Bert小酒館只有二十公尺遠，後來被才華洋溢的廚師兼攝影師西瑞・里納（Cyril Lignac）買下。

我也記得奧立維・賈斯朗（Olivier Gaslin）在巴黎Le Villaret做的那道完美的奶油香酥比目魚。他在老闆米歇爾・皮卡（Michel Picquart）多年的魔鬼訓練下，今天終於能夠獨當一面，經營自己的廚房與餐廳。更別說巴黎Le Repaire de Cartouche那脆皮多汁的豬頭肉，主廚荷多夫・巴貢（Rodolphe Paquin）雖然個子不高，但廚藝卻十分高超……

漸漸地，這些愉快的記憶與感動撫平了我對投身餐飲業的不安。溫馨的氣氛、友善的人們、難忘的味道，以及美酒助興、永無止盡的閒聊時光……讓我最終陷入「美食的愛河」。於是我看到了Bistrot Paul Bert的曙光。在那之前，它像是被人遺棄的剩菜剩飯，在沒有道德與秩序的金錢遊戲中逐漸喪失靈魂。

多虧一位熱心的管理員幫忙，我很快地找到原始店東的地址。他是來自法國西南部阿維隆省（Aveyron）的虔誠教徒，昔年以買賣煤炭致富，在巴黎西邊的郊區聖傑曼昂雷（Saint-Germain-en-Laye）擁有許多資產。我們的第一次會面便很快地達成共識與協議。當晚，我就成了一宗交易案的買主，買下了座落在巴黎一條不知名的巷弄，裝潢俗氣、又髒又亂，連廚房都最好打掉重建的破舊小酒館。

但是我並不擔心，我愛上了這裡，應該說比先前更喜歡這裡。小小的空間對我來說充滿魅力，我的太太也有同感，不過她或許只是假裝，好讓我放心，但她說已經準備好了，我們可以從頭做起。為了讓一切

在Bistrot Paul Bert小酒館，不僅餐盤上的菜餚備受矚目，
地板的鑲嵌圖案同樣吸睛，有種懷舊的童年遊戲氛圍。

有個正式的開始，我們必須先給這未成形的孩子一個名字。經過幾個小時的思考加上幾瓶葡萄酒的醞釀，答案終於出爐：我們決定用這條街的名字，為這家餐廳、屬於我們的小酒館，取名Bistrot Paul Bert。

接下來就是賦予這個空間符合我所期待的小酒館風格。我們先把地板拆除，露出地基原來的樣貌，收集合適的古董鏡，還找到好幾套椅子、替桌子重新油漆，並在牆面上貼海報……全都仰賴一組才華洋溢的工作團隊，包括：愛抱怨卻也才氣過人的室內設計師Pierre Sabria；脾氣很好、總是笑瞇瞇的巧手木工Michel Tellier；來自法國北方小城貝彤（Béthune）、提供我們各種懷舊風格餐具的古董商人Philippe Bourretz，這些東西都是他從做古典餐具批發的祖父繼承來的；還有來自諾曼地小城艾皮內（Épinay）的二手家具商Jean-Louis Bravo，讓我們盡情挑選他倉庫裡的餐桌、餐椅以及其他需要的家具。

最初兩年，樣樣事情都不簡單。廚師們來來去去，沒有人願意在這裡好好打拼，而留下的我們卻又都不是廚師。當時景況並不樂觀，我們要繳的銀行帳單比餐廳客人的結帳單還多。但我相信只要一開始受到祝福，不管中間歷經多少辛苦，最後一定會有好運降臨……真是個頭腦簡單的傢伙！

最後，我終於找到一位初出茅廬的年輕廚師。當時他才剛離開故鄉布根地的莫凡（Morvan）山區沒多久，對於巴黎的認識不比觀光客強多少，只認得幾個舊城門的位置，還有環繞巴黎連接郊區的快速道路，再來就是艾菲爾鐵塔。兩次的面談，不管我問什麼，他都回答「是的，先生」。我心裡想著：太棒了！就是他。面談的時候是六月，他必須提前一個月向當時在職的老闆提出辭呈。開始上班前一個星期，有天晚上很晚時他突然跑來餐廳，似乎帶點微醺，告訴我他有多高興能來這裡工作……很好！真是個好的開始。十二年過去，經歷了上千次的爭吵和服務超過二十萬次客人之後，這位名叫提耶里・洛宏（Thierry Laurent）的年輕廚師依然在這裡，每天帶著微笑，準時開工。話不多的他，有點木訥但做事非常仔細，人很熱心也非常執著，喜愛美好的食材，對於烹飪的要求非常謹慎精確。總之，他是我們這間小酒館之所以能夠成功非常重要的關鍵。

Bistrot Paul Bert小酒館的餐飲事業能夠順利開展，在此必須介紹另外一位重要人物。他的來訪得歸功於我太太那雙漂亮的藍眼睛……事情是這樣的，有一天我去市政廳，想在官方刊物上買一期夾頁廣告介紹餐廳。廣告刊物的負責人叫我得寫一篇用餐心得，然後放上我的照片假裝成顧客做為宣傳。我心不甘情不願地寫了一篇文章，卻堅持在廣告首頁大大地放上女服務生那雙漂亮的眼睛來吸引讀者目光……某人因此對我發了一場好大的脾氣，我想你可以猜到是誰！

幾個禮拜之後，我看見一位穿著吊帶褲、戴著太陽眼鏡、身形微胖的先生走入店內，轉向吧檯劈頭就問我：「那個藍眼睛的女服務生呢？她在哪兒？」傳奇人物米歇爾・皮卡就這麼走進Bistrot Paul Bert小酒館，而且，許久後我才發現，也走進我的人生。這位曾是螺絲、螺帽和活動扳手的貿易商，後來在巴黎開了兩間餐館Chez Astier和Le Villaret。在他的經營理念和指導下，兩家店都變成了巴黎小酒館美食潮流的指標。他為人所樂道的地方，在於對成本與價格比例的堅持，絕對不會誇大售價，而且堅持食材的產地與品質，從不吝嗇。大家都知道他迷戀葡萄酒，不管是紅、是白，只要酒好、搭配得對，他都照單全收。於是他的另外一項特色，就是越罕見、名貴的酒，在他的店裡就賣得越便宜。這些事與其他許許多多的道理，那時候的我還不懂，但在不久的將來，他都一一傳授給我。那一天，他走進了Bistrot Paul Bert，而我，則走進了一個崇尚信念的世界。

巴黎知名小酒館Le Comptoir的名廚伊夫・康伯德（Yves Camdeborde）曾說，皮卡打開了他對小酒館料理的眼界。另外一間新崛起的名店La Régalade成功的菜單組合，也有一部分得歸功於皮卡。米其林三星名廚皮耶・加涅爾（Pierre Gagnaire）老是喜歡稱呼他「督察」，並且對於他的批評指教向來都是微笑接受。皮卡就是這樣了不起的一個人，和他在一起就好像沉浸在味覺與美食的殿堂寶庫之中。他好像永遠不會累，總是騎著那部老爺摩托車在巴黎的大街小巷裡穿梭，為了尋找星期一吃飯的地方（因為他的餐

經過幾個小時的思考加上
幾瓶葡萄酒的醞釀，
答案終於出爐：我們決定用這條街的名字，
為這家餐廳、屬於我們的小酒館，
取名Bistrot Paul Bert。

廳公休）、分享某樣產品，或發掘某位年輕廚師。而他著名的「星期一午餐之約」，會在前一個星期六以電話邀約五到十位餐飲業界相關的朋友參加，幾乎沒人敢在星期一早上回覆臨時有事不能來。午餐的地點從街角巷尾的咖啡館到米其林三星高檔餐廳都有可能，在「星期一午餐之約」裡，我們會聚在一起討論餐飲業的種種環節。雖然多是用批評的眼光與挑剔的舌頭，但仍保持著禮貌與善意，大家會討論並且仔細審視各家餐廳的運作與菜單，不論名氣高下，都要秉持著相同標準，就像米歇爾常說的：「不管在哪裡，工作就是工作。」

回到我們自己的課題：小酒館已經誕生，也取好名字，甚至連教父都找到了，終於可以讓它步上營運軌道。從玩笑話到認真思考，一瓶酒接一瓶酒、日以繼夜或者可以說夜以繼日地，不知不覺間，我們一筆一刷地規劃出位於Paul Bert街、這默默無聞小酒館的將來。從酒單、價格、餐巾、吧檯、餐盤、刀叉、麵包種類、服務生制服、奶油與鮮奶油產地、海鮮種類、季節農產……一切細節慢慢浮現並且融合成小酒館未來的面貌。而引領這一切的信念就是——帶給人們，不管是我們還是客人，享受美食的歡愉時光。

最後是與美食評論家法蘭朔・西蒙（François Simon）的相逢。他不但對法國餐飲界瞭若指掌，而且具有舉足輕重的影響力。他和我的友誼讓兩人可以無話不談，不管是餐廳還是美食，因此讓我迫不急待地想要與他合寫這本書。這本書不會是單純的食譜，儘管裡頭列舉了不少經典菜色的作法；不會是一般的餐館指南，儘管我們挑選了一些自己喜歡的店家；不會只是本美食攝影集，儘管攝影師克里斯提昂・撒哈蒙（Christian Sarramon）讓每張照片看起來都像是攝影展裡的作品；也不會是一本教你如何開店的創業指南，儘管裡頭列舉了許多開設小酒館的重要守則。這本書的話題雖然圍繞在Bistrot Paul Bert小酒館身上，但並不是只有這家店而已。這是一本關於Bistrot Paul Bert創立十二年來的回憶錄，裡頭裝載著和眾人分享的美好回憶，不管是餐飲業者、酒商、食材供應商、廚師、碗盤清潔人員或服務生，是上述每個人的心血造就出這間年輕的「經典小酒館」的成就。

下頁：巴黎小酒館界的代表人物齊聚Bistrot Paul Bert共飲開胃酒。吧檯後方由左至右分別為：巴黎Quedubon老闆Gilles Bénard、巴黎Le Marsangy主廚Francis Bonfilou、巴黎Philou老闆Philippe Damas、巴黎Le Repaire de Cartouche主廚Rodolphe Paquin、巴黎L'Abordage的老闆Bernard Fontenille、Bistrot Paul Bert老闆Bertrand Auboyneau；吧檯前方由左至右分別為：Bistrot Paul Bert女主人同時也是另一間巴黎小酒館L'Écailler du Bistrot老闆Gwenaëlle Cadoret、巴黎Le Villaret主廚兼老闆Olivier Gaslin、巴黎Le Baratin主廚Raquel Carena、巴黎Le Gorgeon老闆Christophe Acker、巴黎Le Grand Pan餐廳主廚Benoît Gauthier、巴黎La Boucherie des provinces餐廳老闆Christophe Dru。當天在現場卻沒有入鏡的人物：巴黎Le Comptoir餐廳主廚兼老闆Yves Camdeborde、巴黎L'Ami Jean餐廳主廚Stéphane Jego、巴黎Le Verre Volé酒館老闆Cyril Bordarier。

BYRRH
VIN APERITIF AU QUINQUINA
BUVEZ
VITTELLOISE
L'EAU QUI CHANTE ET QUI DANSE
LA COUPE DE ROSÉ PETILLANT MAS DE DAUMAS GASSAC 5€ "FRIZANT ROSÉ"
Don't give up Japan !

PROTECTION DES MINEURS
RÉPRESSION DE L'IVRESSE PUBLIQUE
VILLE DE PARIS
LICENCE
IV
DÉBIT DE BOISSONS
-Bière-
33cl - 5€
75cl - 11€
PÉRO de PLUS
NCER
OS VIEILLESSE
IVE

de mulet au vin

escargots aux cha

lette aux cepes

tomate bio au se

lant de groin de

Rouges sont servies bl

« juste cuite » et ses co

eu jaune Rôti et sa

e coeur de Ris de v

美食評論家François Simon專文導讀

在這個年代，小酒館（Bistrot）式的餐館像是種自成一格的小世界，提供我們正統餐廳料理外的另一種自由空氣。更好的是，不管是三杯咖啡、兩份本日特餐還是一份肋排，這種小酒館可以回應我們所有不理性的欲望選擇以及不按牌理出牌的點菜方式。在Bistrot風格的小酒館裡，我們望著窗外的天空（還有路上的漂亮女孩）， 拋開主流餐飲界對飲食的規範，用手掰著香酥的麵包把餐盤上的醬汁抹得一乾二淨，將所有的規矩、細節、筆挺的灰色西裝，全都留在小酒館門外的世界。

巴黎的Bistrot Paul Bert小酒館，就像是這首城市詩歌裡最美的一幅插畫，也像是一場寧靜的小革命，對抗一成不變的餐點料理。店主人歐布瓦諾和他的太太卡朵蕾，從十二年前起開始譜出這段優美樂章。他們的步調不急不徐、恰到好處，彷彿人們在開心的時候歡唱的歌曲一樣。那是屬於小酒館的曲調，不矯揉、不做作，自然地流洩像是一股清涼湧泉。雖然在巴黎的路上常常可以見到這種小酒館，無論招牌還是菜色往往都流於互相抄襲模仿，但內行的顧客可不會輕易上當。有時候，光顧了一間空有外型的小酒館，就好比買了一只仿冒的行李箱，才一個急轉身就拉壞了把手。如果Bistrot Paul Bert以及其他成功的小酒館，能夠獲得熱烈的迴響，那是因為在他們的笑容背後存在著一份對客人的真正關懷。這份關懷從你推門踏進店裡開始，伴隨著送上桌的酥脆麵包，一直到牛排的品質、料理的深度以及葡萄酒的自然醇美處處可見。這種放緩腳步細心看待世界的態度不等於散漫放空。經營一間好的小酒館，必須全神貫注、下足功夫：拂曉就要早起準備，直到每天晚上最後一位客人放下酒杯為止。任何時候都要面帶微笑，無論是不順利的時候還是機器故障重新啟動的時候，無論是拉高音量與客人溝通的時候還是激勵工作團隊士氣的時候，無論是切麵包的時候還是朋友告別說再見的時候。

這樣的Bistrot小酒館，是城市裡碩果僅存的生活小劇場。每一位客人都在這裡粉墨登場，試著與陌生人攀談（在吧檯上或露天座席借根菸），幫忙遞個鹽罐或藉機要手機號碼。小酒館裡頭的陳設佈置讓這群只想要好好生活、歡笑、聊天的演員們能夠安心自在。在小酒館裡永遠洋溢著一種或濃或淡的歡樂氣氛，像是具有魔法般令人安心。透過本書，歐布瓦諾和卡朵蕾慷慨地與我們分享成就這一切的秘訣、私房食譜與傳奇故事。

在Bistrot Paul Bert裡（左頁），每日菜單會隨著季節與主廚的心情變換。

成就巴黎小酒館的
十大黃金守則

小酒館老闆

成就小酒館的必備要素

歐布瓦諾這個世代的人歷經了兩個世紀諸多重大的改變。也因此，這樣的人生經驗成為他們最重要的資產與能量。他們擁有許多懷舊經典的好點子，也懂得鑑賞時下流行的餐廳料理。而在過去與現代之間，客人們尋找的是一種符合Bistrot精神的料理。歐布瓦諾的厲害之處，在於知道如何觀察、如何傾聽這樣的期盼，然後一點一滴調整自己的料理滿足客人的要求，這才是屬於Bistrot的小酒館料理精神。

小酒館的主人絕不會端坐在吧檯後方當擺設。通常吧檯後面的空間連張高腳凳都很難擺下，更別說放上張安樂椅，或是像網球比賽的裁判椅，供奉老闆高高在上發號施令。如果可以用衛星定位出小酒館老闆每日的移動路徑，我們會發現軌跡多得驚人。他會在吧檯裡外忙進忙出，遊走在餐桌椅間穿梭送餐。他像是馬戲團的主持人一樣，又要主持又要表演，因為他的位置恰好介於表演者（廚師）與觀眾（客人）之間。他得有獨到的本領遊走於兩邊，讓表演者的作品更加精彩，同時提升另一邊觀眾的興奮與期待。小酒館老闆不僅是專門送餐的服務生，雖然不像馬戲團的魔術師戴著高禮帽，卻必須懂得變魔術，運用靈活的手腕與機智為廚師與客人傳達心意。他必須在頃刻之間察覺哪一桌客人需要自己現身，希望他走過去提供建議、回答問題，或只是單純和客人聊聊。透過這些方式，老闆可以替廚房爭取時間，也可以幫忙上菜，還可以為客人選酒。此外，員工們會因為老闆的才能、個性、魅力或特色而聚集在同一家店裡。員工會尋找能讓他們棲身的老闆，小酒館老闆就像餐館的身分證，從他身上就可以簡單猜出店的特色。小酒館的名聲往往也是因為老闆廣為流傳，有讓人覺得很豪邁的，也有讓人覺得難以親近的，有很糟的，也有很搞笑的老闆……所有對於小酒館的評價就如同對人一般。老闆會決定店裡的色彩、活力以及喧囂的音量。有講究寧靜風格的小酒館，流露出富裕布爾喬亞的魅力；也有開放喧鬧，可以高聲談笑的小酒館。另外還可以看到一些走學院風格，雖然節制音量但仍可低聲談笑的小店家。

洛宏是那種藏身於餐廳響亮名氣之後默默工作的主廚。從Bistrot Paul Bert開幕時期就待在這個廚房裡，深諳如何善用季節食材在餐桌上展現豐富深度的道理。

只要稍微了解小酒館老闆的個性與人格特質，大概就可以猜出料理的範疇。有看起來世故狡猾的老闆，也有低調不願上鏡頭的老闆，有些老闆的人生經歷深沉又複雜，送上來的菜餚很少與老闆的個性相互違背。

有些客人是來和朋友湊熱鬧、想要痛快喝一杯的，也有希望能保有小小用餐世界不被打擾，像是情侶桌。偶爾也會有落單的客人，一個人走進店裡，窩在角落尋找來此的意義。老闆必須敏銳地嗅出每桌客人的不同心情，隨即了解他們希望與其他人保持的距離，不用客人解釋，也不向客人詢問。千萬別去問客人一切還好嗎，有沒有什麼問題，不但得不到答案，更顯得多此一舉。因為這樣的問題可能會讓客人覺得不愉快，同時讓隔壁的客人覺得掃興。小酒館老闆必須是個明理人。千萬別以為餐館老闆只需要傳遞來自櫃檯的訊息和廚房的想法而已（譬如說：主廚永遠是對的）。正好相反，當老闆與主廚在討論時，老闆永遠是對的。我們常說老闆必須知道什麼是好料理，必須知道他的客人想要的是什麼（這根據客人而有所不同），也必須知道他的主廚擅長做些什麼菜。因此，老闆站在掌舵者的位置。不管他希望餐館維持高檔的布爾喬亞路線或是家常的小酒館風格，口味豪放或細緻，份量輕簡或豐盛……老闆才是決定餐廳曲風、招牌特色的人。主廚必須依循著老闆譜的曲起舞，妥善發揮才能，不能夠離譜走調。不然的話，餐館的個人特色可能會消失無蹤，變得跟尋常餐廳沒有兩樣！

尼斯風味的黑橄欖、鯷魚和有機番茄沙拉

4 人份

- 24條新鮮鯷魚 *可用罐頭鯷魚代替
- 2顆牛番茄
- 2顆紫番茄（tomate noire de Crimée）
- 2顆綠番茄
- 2顆黃番茄
- 1把芝麻菜（roquette），約50克
- 依人數每人6顆去籽黑橄欖
- 橄欖油
- 4顆白煮蛋
- 12顆帶梗酸豆（capron）
- 2片土司麵包
- 2顆紅肉洋蔥（oignon rouge doux）
- 2顆紅蔥頭（échalote）
- 20c.c. 雪莉醋（vinaigre de Xérès）

製作方法

前一夜，先將鯷魚兩側抹上鹽和胡椒，然後放入冰箱冷藏。 *用罐頭鯷魚時不須此步驟

將番茄切塊，洋蔥與紅蔥頭切成細絲。

將土司麵包切成丁，然後在平底鍋中加一點橄欖油熱鍋，把土司丁放入鍋中來回翻面煎至金黃酥脆。

將番茄塊、芝麻菜和黑橄欖放入碗中，與雪莉醋和橄欖油拌勻，然後放上切成四半的白煮蛋，拌上香煎的土司丁，再將拌勻的沙拉鋪在鯷魚上。

最後用洋蔥絲、紅蔥頭絲以及酸豆灑在上頭點綴裝飾。

（食譜照片請見19頁）

家常白蘆筍

4 人份

- 20-24根白蘆筍
- 3-4顆白煮蛋
- 60克帕梅善乳酪（parmesan）刨成薄片 *用削皮刀亦可
- 15支龍艾（estragon）
- 15支西洋香菜（persil plat）
- 橄欖油

製作方法

將白蘆筍削去外皮，然後在滾水中加入一小撮鹽，把蘆筍放入鍋中煮熟。

將龍艾和西洋香菜切成末。

用叉子將白煮蛋粗略壓碎（包括蛋白和蛋黃的部分），倒入切成末的香菜並且淋上少許橄欖油拌勻。

在盤子上先擺上煮過的蘆筍，然後將拌勻的白煮蛋鋪在蘆筍上，最後灑上大片的帕梅善乳酪。

小叮嚀

如果想要煮得恰到好處，最好將蘆筍綁成一束，讓它們站立在鍋中，並且讓蘆筍頭稍微超出水位。這樣才能讓頭尾都煮得恰恰好。

*＝審訂者注

BUVEZ
VITTELLOISE
L'EAU QUI CHANTE ET QUI DANSE
St RAPHAEL
QUINA
BOIRE un APÉRO de PLUS
C'est FINANCER
le FONDS VIEILLESSE
TELEPHONE
TARIF
DES CONSOMMATIONS

小酒館必備

吧檯——小酒館的堅實支柱

沒有吧檯的話，真不曉得要如何經營小酒館。少了吧檯，小酒館只有衰敗一途。再者，也是因為吧檯的存在，才會吸引一群人前來。吧檯好像救生圈，總有一群人會緊緊攀著它不放，緊密的態勢就像害怕沉到海底一樣，彷彿吧檯能夠帶著他們穩穩的浮在海上。但說實話，吧檯可是一群工匠傾盡全力，才能把一大塊木頭穩穩立定，就像是有根一樣，牢牢地拴在地上。吧檯或許真的如同生了根般擁有神奇的力量，可以將根藏在地底深處，緊緊地抓住這個城市，把這片土地裡的神秘力量汲取出來讓人享用。吧檯的檯面必須落在大約是手肘的位置，這裡指的當然是成人的手肘，還要與其他桌椅陳設保持一定的距離。在吧檯的金屬鑲面底下，必須展現沉穩可靠的特質，不管上頭的人如何猛烈敲擊、累癱了趴在上頭，還是氣急敗壞的拍打，都必須紋風不動。吧檯必須保持沉默，面對不管是吹牛的大話也好，對這個世界的抱怨也好，或是被無情的海綿刷過也好，都不能發出一絲聲響。吧檯必須傾聽各種悲慘的人生際遇，但每分酒錢還是得算的清清楚楚。通常吧檯會設在小酒館入口不遠處，如同哨兵台或是大樓管理員的位置，擁有絕佳的戰略視野。老闆通常喜歡佔據這個角落，一方面展示他的權力，一方面取得掌管整間店的絕佳地理位置。在吧檯裡工作的人必須親切好客，活在這個年代，吧檯可比做古代教堂裡的告解室。人們可以在這裡暢所欲言，就像抽煙的客人可以在戶外露天座自在的吞雲吐霧一樣。等到離開吧檯，回到桌上，這樣的自由便不復存在。

吧檯就像小酒館裡的燈塔與軸心，往四面八方望去，可以看見店內的一切。
很多客人不願意離開吧檯，除非餐桌上有人在等他⋯⋯⋯

厚切小牛肋排佐羊肚菌醬汁 與自製馬鈴薯泥

4人份

- 4塊帶骨小牛肋排
- 2顆紅蔥頭，切末 *體積較小的臺灣本地紅蔥頭用量為3倍
- 100克乾羊肚菌
- 200 c.c.濃稠液狀鮮奶油 *可熬煮一般鮮奶油使其略為濃縮後使用
- 100克奶油
- 150 c.c.牛奶
- 鹽，現磨胡椒粉
- 現磨肉豆蔻（muscade）

製作方法

將乾燥的羊肚菌泡在50 c.c.的牛奶裡至少2小時。

以50克的奶油熱鍋，將小牛肋排在平底鍋上來回翻面煎5-6分鐘，取出放置一旁。

將紅蔥頭切成末，放入平底鍋中，利用煎牛肋排剩下的奶油將紅蔥頭末拌炒，然後加入鮮奶油煮約五分鐘。

將羊肚菌加入平底鍋內，以小火燉煮5分鐘。再將小牛肋排放入鍋中煮2-5分鐘（依各人喜好的熟度而定）。取出肋排，放入餐盤。將剩餘醬汁收乾，以鹽和胡椒略微調味，別忘了還可以灑上肉豆蔻粉。

好的小牛肋排會清楚標明產地，缺少明確產地標示通常代表著供應商沒有這個資格。盡量不要選擇運送多處加工的肉品，譬如出生於法國、送到歐洲某地飼養，再送到其他地方屠宰的肉品。最後我們只會在包裝上看到很籠統的「歐盟境內產品」（Issue de la CEE）標籤。Bistrot Paul Bert建議大家優先選擇本地農戶或畜場全程飼養的牛隻，這類商家通常遵循嚴格的飼養規章並對品質有嚴格要求，而這才是我們想要的牛肋排。這樣的牛肉，只要煎至半熟的粉紅色，灑上幾片松露或雞油菌（girolle）切片，就是一道精緻美味的佳餚。

＊＝審訂者注

NOS VINS
DU MOMENT......
A.O.C BAUX DE PROVENCE
MAS DE LA DAME "LA STÈLE" 39€
ROUGE 2006
AOC CHINON 2009
LIN DE PAUSE LUC SEBILLE 30€
AOC St NICOLAS DE BOURGUEIL
LES CANONNIERES 2009 22€
F.X. BARC
AOC JASNIERES 2008 BLANC 39€
KARAKTER C. CHAUSSARD
VDT CHASSORNEY PRIMEUR
FREDERIC COSSARD ROUGE 35€
V.D.P DES COTES CATALANES
"REVEILLE" GRENACHE NOIR 2006 32€

白酒蔬菜燉仔羊肩

4人份

- 2份仔羊肩（約1.2公斤）
- 1束香料（包含百里香、月桂葉、鼠尾草三種香草）
- 1顆洋蔥
- 50克無鹽奶油
- 100 c.c.白葡萄酒
- 100 c.c.水
- 2根紅蘿蔔
- 4顆蕪菁
- 2顆馬鈴薯
- 8根細蔥
- 8顆珍珠小洋蔥（oignon grelot）
- 2根櫛瓜（courgette）
- 12顆白磨菇（champignon de Paris）

製作方法

將所有蔬菜切成約三公分厚的塊狀。

在鑄鐵鍋內，先用奶油將仔羊肩兩面煎至金黃。

將洋蔥切成絲加入鍋中。

加入白葡萄酒，同時用力刮起黏在鍋中金黃色的香味物質（這是好物，可別丟了），使其溶於湯之中，此動作稱déglacer。接著加入香料束與100c.c.的水。小火燉煮約15-25分鐘（依各人喜好的熟度而定）。

將羊肩取出保溫，並且將醬汁過濾。將過濾後的醬汁重新倒入鑄鐵鍋內，並且按照次序燉煮蔬菜（每隔約10分鐘加入一項蔬菜）：首先燉煮紅蘿蔔與蕪菁，然後加入馬鈴薯，接著是細蔥與珍珠小洋蔥，最後加入櫛瓜與白磨菇。將所有蔬菜在鍋中混合均勻。注意鍋底不要黏鍋，再拿竹籤或叉子刺穿確認每項蔬菜皆已燉軟。所有蔬菜燉熟後，將羊肩放回鍋內，直接將鑄鐵鍋呈上餐桌以供食用。

- **上桌時，記得將鑄鐵鍋放在看起來最伶俐的客人前方，讓他負責操刀為其他人分配羊肉，以免鑄鐵鍋燙傷其他客人。**
- **可以在店裡擺塊牌子寫上應時的葡萄酒；如此可讓懶得看密密麻麻酒單的客人輕鬆選擇搭餐的佳釀。**

紀念酒牌：這是與我一起創立Bistrot Paul Bert的廚師賽Sébastien Alessandri所設計的酒牌。他來自科西嘉島，對於葡萄酒有著先知先覺的能力，能夠辨別知名度不高卻充滿潛力的葡萄酒，可惜太早與我們分道揚鑣。

NOS VINS
DU MOMENT

Bistrot Paul Bert

此刻餐館尚未開門營業（前頁），但是全體員工從幾個小時前就已經開始忙碌不休。廚房裡忙著處理從市場買回或供應商送來的食材，外場的Laetitia負責書寫列有本日特餐的小黑板。小酒館的評價與品質往往取決於本日特餐的選擇。如果每天都是一成不變的菜色，常來的熟客很快就會感到厭倦；但是如果菜色變動得太頻繁，可能又會流失鍾情於固定幾道菜的忠實支持者。時時注意客人是否喜愛今天的特餐，有多少人點用、評價如何……然後我們會發現，一家小酒館若想盡可能地滿足大部分的客人，祕訣只有一個：以合理的價格創造最大的滿足。

BOUCHERIE
E. LEFRERE
SPECIAL
AU POIVRE
34€
et salade verte

巧克力舒芙蕾

4人份

- 1公升牛奶
- 200克蛋黃
- 150克細白糖（sucre semoule）
- 30克卡士達粉（poudre à pâtissière）
- 16克純度70%的黑巧克力
- 16克可可粉
- 125克蛋白
- 1小撮鹽
- 150克白砂糖
- 奶油，用於塗抹烤模

製作方法

牛奶煮沸。

蛋黃、白砂糖與卡士達粉於調理盆中打至細白發泡。然後將煮過的牛奶一邊攪拌一邊緩緩倒入盆中。

將攪拌均勻的蛋黃醬倒入小鍋中，小火煮至濃稠（約6-10分鐘），然後加入巧克力塊與過篩的可可粉，煮化並且攪拌至均勻。

以打蛋器於另一盆中將蛋白、鹽與細白糖打發。

煮過的蛋黃醬放至稍涼，然後緩緩拌入打發的蛋白盆中。舒芙蕾的烤模抹上一層奶油，將混和均勻的麵糊倒入至離烤模上緣1公分處，然後放入烤箱以180°C烤12分鐘。舒芙蕾會膨脹至超出烤模2-4公分的位置。

古法製作焦糖牛奶甜米粥

4人份

- 150克義大利短梗圓米（riz arborio）
- 500 c.c.全脂牛奶
- 1支香草莢
- 25克細白糖
- 10克奶油
- 1顆蛋黃
- 125克焦糖牛奶醬（dulce de leche）

製作方法

將米放入滾水中煮5分鐘，然後濾掉水分。再將米與牛奶以及刮出香草籽的香草莢一起燉煮。香草莢需事先剖開刮出香草籽，並將香草籽與香草莢泡在牛奶中至少6小時。

加入細白糖，小火悶煮約25分鐘。不時攪拌鍋底以防止黏鍋。

當米燉熟後離火，再加入奶油、蛋黃與2大匙焦糖奶油醬攪拌均勻。

送上餐桌前，在淋上一匙焦糖奶油醬做為裝飾。

- **焦糖奶油醬是一種原產於阿根廷的牛奶抹醬。如果找不到這類產品，可以用煉乳代替，先將煉乳倒入鍋中小火煮至微帶焦糖色即可。**
- **義大利短梗圓米就是用來製作義大利燉飯（risotto）的同一種米。這種米的特性是澱粉含量高，容易燉煮入味。**

CUISINE

主廚

永遠和時間賽跑的人

每個成功故事的背後，總有犧牲受苦的人。在一間小酒館裡，這事實再明顯不過了。你從來看不見那個人忙碌的身影；他一天工作36小時，整排難處理的問題攤在面前等著他一一解決。廚房裡，他得忍受站在爐火前45 °C的高溫，廚房外，等著他的常常是暴跳如雷的老闆和毫無耐心的客人。你猜到他是誰了吧？沒錯，就是主廚。主廚彷彿滿腹辛酸、默默承受著磨難的聖人，被綁在柱子上等著人們對自己批評謾罵。不過說實在話，也只有這樣的聖人才能夠忍受「客人」這種奇妙生物的折磨（有的客人愛遲到，有的喜歡提早；有的客人不吃特定的蔬菜或是香料；有的客人牛排非得熟到快焦才肯吃，有的根本只吃生肉；有的客人吃完立刻走人，有的卻非得待到打烊才肯離開……太多了，講也講不完）。還有「老闆」這種生物，根本是封建時代的暴君轉世，他們把自己當作神——就算未必每個都這麼想，卻時不時表現得像是那樣。小酒館的主廚，像是全身綁滿鉛塊的泳者。上述的環境和兩種生物讓主廚鍛鍊出兩種全然不同的特質：不屈不撓的意志和低頭彎腰的態度。主廚必須懂得巧妙運用他的技術、想法、抱負，還有老闆與客人。所以他常常忙得喘不過氣來，默默無聲地在廚房裡拼命工作，整個身影埋藏在燈光與蒸氣裡。這就是為什麼我們常說廚師不是凡人，他們謙卑地承受所有罵名，必須懂得忍耐、願意犧牲。一般而言，當主廚想要創作出一道讓客人難忘的料理，能夠在日後想起這到菜就想到他的手藝時，老闆通常會擋在他的面前，告訴他配方必須改變，

Bistrot Paul Bert廚房的出餐口猶如一場表演的節目表，上頭掛滿了各桌的點菜單，時間一到，美味的角色就在香氣瀰漫中登場。

小酒館的祕密武器就藏在廚房裡。從左到右是Bistrot Paul Bert主廚Laurent、Le Baratin主廚Carena、L'Ami Jean主廚Jego、Marsangy主廚Bonfilou。

做法必須清淡少油，或是醬汁口味不可以太重。

於是，在老闆與主廚這兩人之間，彷彿存在著一場永無止境的抗衡：一邊想要讓創意才能發光發熱；另一邊像是馴獸師，體面的衣裝底下藏著一顆冷酷的心，擋在客人與他的藝術家之間，控制小酒館的一切。這正是為什麼今天看到的小酒館料理充滿特色、時有驚喜，但分寸之間掌控精準的原因。這一類的小酒館料理，會盡量避免大餐廳孤芳自賞的誇張菜色，或是高高在上讓人難以親近的正式宴席料理，也會迴避那些一成不變的所謂正統地方菜或道地傳統料理。小酒館的料理精確地回應越來越多客人想要尋找的菜色風格。若說今日的小酒館以料理征服巴黎，靠的便是這種節制的態度，也代表由老闆與主廚合力建構的飲食智慧已然受到肯定。然而，這並不代表主廚是個無足輕重的角色，或像《悲慘世界》裡那個飽受折磨的小女孩；雖然他隱身在廚房，卻擁有引領小酒館的穩定力量。他非常清楚如果少了自己，小酒館便會偏離方向。但他並非無可取代，在小酒館裡，沒有誰是不能取代的，就算主廚也一樣。小酒館的料理想要成功，靠的是經過精準調校、能高速運轉的內在引擎。如果說一般正式餐廳每天能招待60到100組客人，那麼一間像Bistrot Paul Bert這樣的小酒館，翻桌率至少得拉高到180到200組客人才行。小酒館的廚房必須像跑車引擎，即使在空檔時也能聽見強而有力的運轉聲浪。一開始送上的開胃派（pâté en croûte）有如超級跑車蓄勢待發時的引擎低吼聲，對客人來說，能夠得到這麼一位技術精湛的駕駛，操控如此一部超級機器，真的是很幸運。沒有這位主廚，客人們吃到的會是奶油蘆筍派與青豆慕斯，但並不是所有的小酒館食客都能了解這是種多難得的運氣。

西班牙鷹嘴甜椒鑲鱈魚肉

4人份

・200克鹽漬鱈魚乾
・400克馬鈴薯
・50 c.c. 鮮奶油
・200 c.c. 西西里島橄欖油
・1束香菜（芫荽）
・16顆西班牙鷹嘴甜椒（piquillo）＊可用罐頭品或以小顆紅甜椒代替
・鹽、胡椒少許

製作方法

鹽漬鱈魚泡在清水裡脫去鹽分，至少需泡24小時，中間更換至少三次水。
馬鈴薯入滾水中煮熟，然後使用壓杓將馬鈴薯壓成碎泥，再加入鮮奶油攪拌均勻。
泡過水的鱈魚乾放入鍋中，加入冷水，蓋上鍋蓋，煮滾後轉小火繼續煮6-8分鐘。
將水分瀝乾，用叉子將魚肉分成小塊。
輕輕地將撥散的魚肉拌入馬鈴薯泥，盡量不要將魚肉壓碎。
新鮮香菜切末，和少許胡椒、鹽拌入馬鈴薯泥調味，然後將馬鈴薯泥填入切開頂部並去籽的西班牙鷹嘴甜椒。
烤箱預熱180°C，將甜椒淋上少許橄欖油後送入烤箱烤約5分鐘即可。

小叮嚀

西班牙鷹嘴甜椒在特定的食材或香料店可以找到。一般來講產地為西班牙，但也有其他國家出產的鷹嘴甜椒。

青鱈生魚片 佐青蘋果與日式醬汁

4人份

・500克青鱈魚（lieu jaune，需是可生食的鮮魚）背肉
・100 c.c. 橄欖油
・日式柚子醋（或其他柑橘類水果醋）
・陳年醬油
・現磨胡椒、鹽
・1顆青蘋果（挑選偏酸的）

製作方法

檢查魚背肉是否殘留魚刺，仔細地將魚肉切成大小適中的塊狀。
將切成塊的魚肉放入沙拉盆內，加入橄欖油與水果醋，灑上鹽與胡椒調味，均勻混合後放入冰箱冷藏15分鐘。
將魚肉擺盤，上面鋪上未去皮的青蘋果薄片，最後在盤沿淋上幾滴醬油即可。

醬油與醋的品質十分重要。在巴黎可以在居酒屋「イセ」（Izakaya Issé）找到最純正的醬料。

＊＝審訂者注

鴨肝韭蔥千層凍

10人份

- 4公斤尺寸適中的韭蔥(leek)
- 1公斤生鴨肝
- 0.5公升雞高湯
- 6片吉利丁
- 5克鹽
- 5克現磨胡椒
- 100 c.c.橄欖油
- 30 c.c.義大利巴薩米克黑醋(vinaigre balsamique)

製作方法

將吉利丁片放在溫水中泡軟，然後加入滾燙的雞高湯中。

於另一鍋中將水煮沸，加入少許鹽巴，將韭蔥放入煮滾。待韭蔥煮熟後，放入含冰塊的冰水中冷卻以保持翠綠。

冷卻後將水分瀝乾，盡可能地將蔥裡的水分擠出。

準備一個製作千層凍的長方形容器，將蔥切成與容器長邊等長，約20公分左右。

將鴨肝清洗乾淨，切成0.5公分寬度的片狀，用平底鍋在兩面各煎約10秒鐘。

在盤中鋪上餐巾紙，將煎過的鴨肝鋪在上頭，灑上鹽與胡椒調味。

在容器內部鋪上一大張保鮮膜，然後將蔥與鴨肝一層一層交錯鋪在容器內；每鋪上一層材料後，淋上一大杓剛降溫的高湯。最上面一層記得以蔥鋪滿。

將保鮮膜合起，把千層凍完整密封。然後將整個容器放入冰箱冷藏24小時。

冷藏凝固後的千層凍，取出切片盛盤，淋上一些以橄欖油和巴薩米克醋攪拌而成的油醋醬做為調味醬汁。

- **如果覺得燉雞高湯麻煩的話，也可以使用現成的高湯塊代替。**
- **如果沒有巴薩米克醋，也可以用偏酸的蘋果酒醋取代。**
- **這道Bistrot Paul Bert絕對不能錯過的私房菜，是由我的兒子，現在人在東京開餐廳的湯瑪士(Thomas)所開發出來的。嘗這道菜時，若是能配上一瓶羅亞爾河(Loire)流域位於聖隆貝度拿鐵(Saint-Lambert-du-Lattay)的摩斯酒莊(Domaine Mosse)白酒，那就再美好不過了。**

小酒館必備

當代小酒館教父——Michel Picquart

皮卡第一次走進店裡那天，向我們自我介紹他是賣扳手的，事實也的確曾經如此。皮卡曾經是巴黎République地鐵站附近一家工具店的老闆。過去這位老闆常常為他在工具店的員工還有客人開伙做飯。突然有一天，他厭倦了這種規律得像螺絲一樣的生活，於是把店賣給員工，然後提著一箱現金跑去當時屬於某位女士的Chez Astier餐廳。在她的餐廳裡，皮卡學會了法式伯那西醬（béarnaise）和奶油香酥比目魚的作法。他在那裡發現了屬於小酒館的幸福快樂，不知不覺地展開了影響法國餐飲界的重大革命——推出巴黎第一份本日特餐菜單。那是1980年代發生的事情，接下來由伊夫・康伯德的La Régalade正式掀起了「小酒館風潮」，最終讓往後一整個世代的廚師走出上流社會的繁文縟節。歐布瓦諾曾說：「皮卡傳授了我一切，沒有他就不會有Bistrot Paul Bert。」但是，皮卡教的大概還不只這些，像是愛開玩笑的性格、吧檯上的俗話，以及對人慷慨的熱情態度。皮卡就是這樣的性情中人，後來又把大獲成功的Chez Astier賣給員工，再買下Le Villaret，經營成功後還是賣給員工。如今已經63歲的他，人生又將展開新的一頁。

Le Villaret也是相片中皮卡的一頁傳說，
如今在巴黎République廣場一帶獨占鰲頭，已經成為小酒館界無可取代的重要地標。

Le Villaret

第一次看到Le Villaret，通常會對它的門面感到驚訝。過去很長的一段時間，人們從外頭看去幾乎找不到任何招牌或店名標示。彷彿得要別人不斷提醒，才能確認這家餐館的存在一樣。這樣刻意的低調作風，好像自信滿滿地說：「喜歡就進來，不喜歡就算了吧」。不過現在的它的確有資格這麼說，不管中午晚上都是座無虛席，關鍵就在Olivier Gaslin所精心設計的菜單。這份菜單隨著季節與口味調整，還有一座深不見底的酒窖在背後支持著這一切……

烤乳豬
佐馬鈴薯杏桃乾

4-6人份

- 2條乳豬後腿肉和1份里脊肉（後腿肉可以請肉販幫忙分切）
- 2顆洋蔥
- 4瓣大蒜
- 3顆紅蔥頭
- 250 c.c.白酒
- 2支百里香、2片月桂葉、2支迷迭香
- 150克杏桃乾（abricot sec）
- 400克法國手指馬鈴薯（pomme ratte du Touquet）
- 250克乳豬肉（勿太肥）和1公斤的豬骨
- 15支西洋香菜
- 1根芹菜
- 1根韭蔥
- 1顆洋蔥，裡頭塞入2顆丁香
- 100克奶油
- 鹽和胡椒

製作方法

首先製作豬骨高湯，將烤箱預熱至180 °C，然後將豬骨架、乳豬肉與50克的奶油一起放入烤盆送入烤箱烤至呈金黃色。然後將骨架還有所有肉汁倒入一大鍋中，加入蔬菜（一顆不去皮的洋蔥、一根韭蔥和一根芹菜），然後加入1.5公升的水，小火燉煮2小時。中間不時撈去浮渣泡沫，然後將高湯收乾到原本的水位三分之一，約500 c.c.。

在另一鑄鐵鍋內，用奶油熱鍋快速翻炒後腿肉塊與里脊塊，然後加入2瓣大蒜與切絲洋蔥。倒入白酒溶出鍋底精華，然後加入2支百里香、2片月桂葉、1支迷迭香和豬骨高湯。

接下來將整個鑄鐵鍋放入烤箱，以180 °C烤20分鐘。過程中記得不時將鍋底湯汁撈起澆到豬肉上。烤熟後將肉塊取出，過濾湯汁。再將湯汁倒回鍋中熬煮收乾到原本水位的一半，然後加入杏桃乾與鹽、胡椒調味。

馬鈴薯丟回鑄鐵鍋內，用剩下的50克奶油拌炒，加入2瓣大蒜、切絲的紅蔥頭以及1支迷迭香。將烤熟的豬肉與炒過的馬鈴薯盛盤裝飾，最後灑上切末的新鮮西洋香菜點綴。

小叮嚀

真正的乳豬重約6到7公斤。但是我個人偏好略重一些、大概10公斤的乳豬。這樣的乳豬肉比較多也比較好吃。百里香、迷迭香、杏桃乾，這些香味配上烤乳豬的酥脆外皮，最適合法國南方的紅葡萄酒。味道均衡、後勁持久，南法Minervois產區中，尚巴提斯・瑟那莊園（Domaine Jean-Baptiste Senat）所出產的一款「Le Bois des Merveilles」葡萄酒就十分適合搭配這道菜。

草莓馬卡龍

約可製作8-10顆馬卡龍

酥餅部分：
・150克杏仁粉
・325克細糖粉（sucre glace）
・160克蛋白
・1小撮鹽
・10 c.c. 食用紅色色素
・20克白砂糖
・半顆檸檬汁

夾心奶油部分：
・125克無發酵液狀鮮奶油（crème fleurette）
・30克白砂糖
・10 c.c. 食用紅色色素

夾餡：
・250克的草莓

製作方法

*酥餅部分：*將杏仁粉與細糖粉過篩，置入盆中。

蛋白、白砂糖、鹽、檸檬汁、食用色素倒入另一盆中打發。

用橡皮刮刀輕輕地將杏仁粉、細糖粉與打發蛋白混合，盡量不要讓打發蛋白塌陷，然後將混合後的蛋白霜倒入擠花袋中。

在平面烤盤上鋪上一張烘焙紙，將擠花袋中的蛋白霜在烘焙紙上擠出一個個直徑5公分大小的圓形馬卡龍，然後在乾燥低溫處靜置30分鐘。之後送入烤箱以140 °C烤20分鐘。

*奶油夾心部分：*將液狀鮮奶油、白砂糖和食用色素一起打發。

將烤好的馬卡龍取出放涼，在一片蛋白酥餅上鋪上一圈小顆草莓。然後利用擠花袋，將打發的奶油餡擠在馬卡龍酥餅中央，接著取另一片酥餅蓋上，輕壓讓奶油夾心固定住兩片酥餅與草莓。

草莓、覆盆莓（framboise）、紅醋栗（groseille）、桑椹（mûre），都可以讓人感受到夏日度假時在花園裡滿手漿果的滋味。注意各種水果的時令，盡量選擇本地食材，避免買不合乎季節的水果或進口水果。

等待、期盼是必要的。採用所謂的當令食材，是小酒館料理很重要的一項原則。哈密瓜有哈密瓜的季節、櫻桃有櫻桃的季節，生命有春夏秋冬，所有的食材也該在成熟的時節享用。

Baba au Rhum façon sava
Macaron aux fraises
Ile flottante aux praline
soufflé au grand marni
glaces et sorbets maison
ENTRÉE: 8€+supl PLAT: 21,
la maison n'acc
LE BISTROT

Le Baratin

座落於巴黎地鐵站Belleville之上，Le Baratin靜靜地豎立在這座美麗的城市裡。從外頭看去樸素單純的外觀，親切的像是在向人微笑一樣。然而，裡頭所準備的菜餚可是十分與眾不同。從主廚Raquel Carena精心準備的料理，嘗得到素材的新鮮美味，如今已自成一家、形成一種新的料理風格。由老闆Philippe Pinoteau所安排的服務與設計的酒單，令這間小酒館受到諸多文學界、電影圈及時尚圈的名人所青睞。

BLANCS
2009 MONTLOUIS _ F. SAUMON 6. 36,00
2009 VOUVRAY Les argents BRUNET 6. 36,00
2009 TOURAINE - PUZELAT 5. 30,00
2008 CHABLIS _ DE MOOR 6. 36,00
2008 ANJOU _ La Grange aux belles _ 5. 30
2008 AUXEY - DURESSES _ COSSARD 7,50 - 45
ROUGES =
2009 _ BOURGOGNE RATEAU 6. 24. 36
2009 CHINON _ Vin de Pause _ SEBILLE 5. 20. 30
2007 TOURAINE . Cabernet . CORBINEAU 5. 20 - 30
2005 CHEVERNY. Desirée. VILLEMADE 5. 20. 30
2008 ROUSSILLON - Foulards rouges . Nicq 6. 24. 36
2009 C.D. RHÔNE . Papesse . GRAMENON 6,50 - 26. 39
2008 MORGON _ A.O.C. J. FOILLARD 6 - 24. 36
2000 ORGION Vin de CRETE _ 6 - 24 - 36
2008 CÔTES CATALANES _ FHAL 4,5. 18 - 27
2007 LUBERON - Tres Vieilles Vignes - FONVERT - 6 - 24 - 36

黑板菜單

市場新鮮直送

和一般的餐廳不同，小酒館不會事先印好整年適用的菜單。小酒館的菜色必須時常更換，根據市場的供貨、主廚的心情、飲食的趨勢，不時調整。如果某些魚的價格突然上漲，老闆會立刻出門尋找市場上的其他替代品。然而在一般餐廳，不管魚貨市場的供給或價格如何變動，主廚都會不計成本、堅持製作自己的「招牌料理」。小酒館的優勢即在於此：能夠隨著心情與時機改變菜色。但是一間小酒館還是會有自己的常備菜，很難想像哪家店沒有自家調製的美奶滋水煮蛋（œuf mayo）、鹹肉派（pâté en croûte）、鯡魚馬鈴薯沙拉（hareng pomme à l'huile）……。因為小酒館料理的魅力奠基於習慣。客人上門吃飯，是因為知道在這裡有想吃的芥末魚排（pâvé à la moutarde）、香酥比目魚或瑞士施華力香腸（cervelas）、杏仁榛果奶油夾心泡芙（paris-brest）……。一旦我們走進店裡卻沒吃到想吃的菜，這家小酒館的魅力也就漸漸消失了！小酒館的菜色還必須是可以與三五好友分享的料理，像是奶汁燉小牛肉（blanquette）、蔬菜燉牛肉（pot-au-feu）、芥末燉兔肉……這些充滿醬汁、肉汁的料理總能讓人感受到團圓聚餐的歡樂。畢竟，能夠實在的分食每一道菜，才能稱得上是「同吃一桌飯」。這種恰恰與上流餐廳唱反調的市井小民風格，可以在小酒館提供的鄉村料理、下酒菜中徹底感受到。小酒館料理總是可以讓人放心地大快朵頤。我們還會善加利用各種牛雜、雞鴨內臟入菜，開發這些被人遺忘或是低估的部位裡蘊藏的驚人美味。

小酒館的厲害之處，就在那塊小黑板上展現的靈活菜色。小黑板的存在不僅僅是做為裝飾或是營造氣氛，也是為了靈活反應市場供貨的種類以及食材價格的變動。青鱈到貨的季節，老闆和主廚會果斷地修改本日菜單；反之，一般大餐廳會堅持印製全年通用的制式菜單，忠實製作相同的菜色維持固定的客戶群與聲譽。Bistrot小酒館的風評則是需要時間經營，口耳相傳。

pschitt
Entrée + Plat
ou Plat + Dessert 26 €
Entrée + Plat + Dessert 32 € prix nets
- Millefeuilles d'avocat aux écrevisses
- Salade de bulots à l'aïoli
- Terrine de lapin maison
- Salade de bœuf à l'estragon
- Foie gras de canard maison (+3€)
- Jambon persillé de Bourgogne
- Terrine de raie en gelée
- Salade de langoustines fraîches (+3€)
- Bavette de bœuf poêlée nature ou sauce au poivre
- Pintade fermière rôtie à l'estragon
- Rognon de veau à la crème de morilles (+3€)

在Le Marsangy餐廳的小黑板上(前頁),La Tête dans les Olives(上圖左與上圖右)這間兼賣食材的小酒館裡,以及Boucherie du marché d'Aligre這間肉舖中(上圖中),我們可以一窺小酒館料理的創作精髓,像是羊肚蕈(morille)、新鮮蔬菜、翠綠沙拉、鮮榨橄欖油等等……一道道小酒館料理就從這些新鮮的食材中誕生。

小酒館料理也是機會主義者,根據季節、菜市場貨架上的食材,決定要出什麼菜。老闆若是在菜市場撞見一簍漂亮的黃香李(mirabelle),馬上就會決定今天的本日甜點就是黃香李子塔。而廚房也會靈活地變更食譜,順應食材製作各種當令料理。所以我們會在小酒館看到寫著一道道本日料理的「黑板菜單」。當這道菜從黑板上被擦掉時,就代表已經全數賣完。然而,別以為擺著小黑板的餐廳就代表料理食材都是當天新鮮現購。很遺憾的,許多腦筋動得快的餐飲業者也有樣學樣地用這種方式呈現菜單,但賣的卻是用料理包或加工食品做出來的料理。因為流行的關係,小黑板早已被濫用。在許多餐廳裡,不管是服務生手裡拿的,或是放在椅子上作裝飾,經常可以看到小黑板的蹤跡。

事實上,並沒有什麼專屬於小酒館的菜色,加上近年來許多高級餐廳也開始競相投入「重新詮釋」小酒館料理。將一些簡單清爽的小酒館菜色略作變化,再取一個英文名字讓它們看起來不同凡響。這沒什麼大不了,因為小酒館料理的本來就擅於變化,有源源不絕的創意供這些大餐廳「參考」,並藉由這種方式讓一般大眾開始重新接納高級餐廳料理。

非要說小酒館料理有什麼「特色」,我想大概和它可以讓人瞬間胃口大開有關,總是可以發現酸黃瓜(cornichon)、法式芥末、法式貝那西醬(béarnaise)這些能快速刺激人食慾的味道。另外,小酒館料理上菜快速,廚房裡從不停下腳步。這是一門求快、求新鮮的料理學,當別人還在後頭追趕的時候,小酒館料理已經走到更前頭去尋找新的可能性,創造新的不朽經典。

鄉村肉派
佐醋醃雞油蕈

8人份

肉派部分：

- 2公斤槽頭肉（豬脖子的肥肉部位）
- 500克豬肝
- 500克雞肝
- 250 c.c.鮮奶油
- 每公斤肉（加上肝臟）配12克鹽
- 每公斤肉（加上肝臟）配3克胡椒
- 2瓣大蒜
- 6顆紅蔥頭
- 1片月桂葉
- 1束西洋香菜
- 2顆雞蛋
- 5支百里香
- 50 c.c.白蘭地

醃雞油蕈部分：

- 150克雞油蕈（選小朵的品種）
- 2顆紅蔥頭
- 1瓣大蒜
- 200 c.c.雪莉醋
- 鹽、胡椒和2片月桂葉
- 20克奶油

製作方法

豬脖子肉（槽頭肉）、豬肝、雞肝放入絞肉機絞成粗塊。

絞成粗塊的肉餡倒入一大盆中，加入白蘭地、鮮奶油、百里香、切末的紅蔥頭、切末的大蒜、西洋香菜和雞蛋，灑上鹽與胡椒。

肉餡與所有調味料攪拌均勻，倒入長方形製作肉派的容器內，然後將月桂葉鋪在最上層。將盛裝肉派的容器放入烤盤，烤盤內倒入水，以隔水加熱的方式在烤箱中以180°C悶烤，利用料理溫度計測量，烤到肉派中心達80°C為止。

將容器自烤箱取出，在肉派上覆蓋一層保鮮膜，以重物壓在肉派上方15分鐘讓肉派密實。

肉派冷卻後，放入冰箱熟成2-3天即可食用。

醋醃雞油蕈的部分，首先將雞油蕈快速沖洗，沖掉上面殘留的土壤即可，然後以乾布擦乾，在平底鍋中以奶油熱鍋稍微煎過，加上鹽與胡椒調味。

將紅蔥頭與大蒜切成末。找一乾淨空瓶（約200 c.c.）丟入2片月桂葉與蔥蒜。取一小鍋將雪莉醋煮滾。雞油蕈倒入空瓶後，再將煮滾的雪莉醋澆到瓶中的雞油蕈上。

密封瓶罐，冷卻後放入冰箱約2-3天，徹底入味後即可食用。

- **這道菜的吃法是以肉派搭配開胃的醋醃雞油蕈，再加上香酥現烤的鄉村麵包切片。**
- **好的雪莉醋是成功關鍵，注意醋的品質。**
- **空瓶中除了雞油蕈外，也可以丟些白洋蔥、幾瓣大蒜或是一節百里香增添風味。**

黑胡椒半熟鮪魚排

4-5人份

- 600克鮪魚排
- 150 c.c. 橄欖油
- 20克黑胡椒（產地：馬來西亞沙勞越）
- 10克鹽
- 150克紅醋栗
- 1茶匙陳年醬油
- 幾片芝麻菜與嫩菠菜葉
- 紅醋栗水果醋

製作方法

向魚販購買一塊新鮮漂亮的鮪魚排，盡可能挑選整片背肉，避免顏色黝黑的部位。將黑胡椒顆粒原粒搗碎，可用搗蒜缽或搗藥盅將黑胡椒顆粒用杵壓碎，如此黑胡椒香氣不會因為摩擦生熱而流失。

將整塊鮪魚排滾滿黑胡椒碎粒，讓每一面都確實沾滿黑胡椒。然後在平底鍋上以橄欖油熱鍋，快速煎過每一面鮪魚排，取出鍋中放涼。

用保鮮膜將鮪魚排緊緊裹成直徑約5-7公分的香腸狀，放入冰箱冷藏。

取一大碗，將紅醋栗在碗中用叉子粗略壓碎，加入陳年醬油以及100 c.c. 橄欖油攪拌均勻。

將鮪魚切成圓形厚片盛盤，旁邊鋪上芝麻菜與嫩菠菜葉，再在鮪魚與生菜淋上醬料及一點紅醋栗水果醋。

這道食譜需要一些補充說明：最好不要選用地中海紅肉鮪魚或黑鮪魚，這些都是未成年時被圍捕，然後用漂浮圍欄拖到海洋養殖場養肥。不只是因為牠們正在快速減少中，另一方面這樣的養殖方式破壞了整個沿海的生態系統，讓其他生存在此的物種受到嚴重波及，像是鯖魚、沙丁魚和鯷魚都因此大量減少。其他地區的紅肉鮪魚或是淺色鮪魚都是很好的選擇，口味也十分美味。

PAUL

Bistrot Paul Bert

再過幾分鐘就要開始營業了。桌椅們排排立正站好，像是遊行閱兵一樣。你們剛錯過了小酒館一天中最重要的時刻：本日食材到貨！幾分鐘前，一簍簍的蔬果和各種肉類搶鮮送入廚房。此刻正是風雨前的寧靜，即將上門的客人可沒耐心等候。注意，今天也要上緊發條喲！

奶油炒新鮮牛肝蕈

4人份

・300克新鮮牛肝蕈（cèpe）
・50克奶油
・1瓣大蒜，切末
・半束西洋香菜，切末
・鹽、胡椒

製作方法

用自來水稍微沖洗牛肝蕈，晾乾後對切兩半。

在平底鍋內放入奶油，大火將奶油煮至起泡，然後加入牛肝蕈，來回煎炒約10分鐘，然後再加入大蒜、西洋香菜拌炒。最後加入適量的鹽與胡椒調味即可。

鯡魚馬鈴薯沙拉

4人份

・8片柴燻鯡魚肉
・300克法國手指馬鈴薯（ratte du Touquet）
・2顆大顆紅肉洋蔥，切成細圈
・1片月桂葉
・4支百里香
・一根新鮮紅蘿蔔，切成圓形薄片
・花生油

油醋醬部分：

・50 c.c.花生油
・1湯匙第戎芥末（moutarde de Dijon）
・數根西洋香菜
・1湯匙雪莉醋

製作方法

所有材料除馬鈴薯外放入一容器中淋上花生油。將容器密封放入冰箱冷藏至少24小時。

隔日，將油醋醬的材料攪拌均勻。

煮一鍋滾水，馬鈴薯不去皮直接丟入鍋中煮熟。煮熟後的馬鈴薯撈起瀝乾，沿長邊對切成兩半。

趁馬鈴薯還溫熱時，在盤子上與油醋醬拌勻鋪在中央後，再擺上鯡魚以及紅蘿蔔、洋蔥圈還有切末的西洋香菜點綴裝飾。

這兩份食譜看起來非常簡單，幾乎稱不上是料理，但仍有許多須留心的細節。鯡魚品質很重要，在法國北部港口城市布洛涅蘇梅（Boulogne-sur-Mer）的漁貨行La Maison David可以找到最好的貨色。擁有法國產地認證的手指馬鈴薯要在吃之前現煮、放至微溫時味道最佳。記得千萬不要將馬鈴薯放到冰箱冷藏。

小酒館必備

時令蔬菜——餐盤上的新鮮滋味

很難想像小酒館的菜單裡沒有新鮮蔬菜會是什麼樣子？可能就像黑白電視或是沒有聲音的默片一樣無趣。如果料理是一篇演講的話，蔬菜就是豐富的語助詞、動詞，是這篇演講能夠活靈活現的關鍵。綠生菜、馬鈴薯、蕃茄、櫛瓜、紅蔥頭、洋蔥、甜菜根、紅蘿蔔……光聽到這些蔬菜，就可以想像到盤子上各種豐富的配色，以及那股來自大自然豐沛的生命力。矛盾的是，在法國餐飲界，只有頂尖的大廚，像是亞蘭・杜卡斯（Alain Ducasse）、米歇爾・布哈（Michel Bras）、亞蘭・帕薩（Alain Passard），才敢豐富大膽地運用各種蔬菜。然而小酒館從一開始便被這繽紛的蔬菜世界深深吸引，並且根據季節發展出自己的配菜步調和各種變化。因此，蔬菜成為小酒館老闆與主廚都必須審慎思考的課題。在今日的世界，農業生產日趨瘋狂：處處施肥，甚至土壤都要殺菌，造成連紅蘿蔔都出現了詭異不健康的顏色與外表。所以我們這些餐館，應該要試著去尋找地區性農家，或是專門栽種蔬果的小農，現在只有他們知道該怎麼保有一顆洋蔥的尊嚴，不會用機器每五分鐘沖洗一次洋蔥再泡進消毒水裡。今日的小酒館還兼具了保護這些蔬菜的任務，鼓勵人們用合理、合乎自然的方法生產。在保護大自然的資產與傳統農業的根源上，一家餐館能做出的貢獻超乎我們想像。這也是為什麼，一道簡單的蔬菜料理可以同時變成許多人幸福與快樂的泉源。現在，是輪到小酒館來保衛這一切的時候了！

新鮮蔬菜已經成為小酒館的重要主角，
它們的新鮮味美正是回歸料理本質的象徵。

科雷茲法式厚切小牛肝
佐青脆綠蘆筍

4人份

- 4片新鮮小牛肝，約重220克
- 500克尺寸中等的綠蘆筍
- 50克煙燻培根
- 100克奶油

製作方法

請肉販幫忙將小牛肝切成四片漂亮的牛排形狀。最好選顏色較淺、尺寸較小的，法國品質最好的小牛肝產地來自科雷茲省（Corrèze）。

煙燻培根盡量切成薄片（最好能切成像火腿一樣薄），在烤盤鋪上烘焙紙，將培根平鋪在紙上避免重疊，放不下可另取第二個烤盤。將烤盤送入烤箱，以170 °C烤20分鐘將培根烤乾。

略微削去蘆筍皮（白蘆筍外皮纖維較粗，綠蘆筍只要簡單略削即可）。在鍋中放入奶油，小火將蘆筍拌炒約5分鐘；這樣才不會變色且依然保持清脆。

取另一柄平底鍋，以50克奶油熱鍋，等到奶油起泡後，將小牛肝放入鍋中以中火每面煎2-3分鐘

綠蘆筍盛盤，旁邊鋪上香煎小牛肝，最後再以烤過的香脆培根點綴做為裝飾。也可以將小牛肝分切成小片，方便入食。

香煎小牛胸線
佐綠蘆筍

4人份

- 4塊小牛胸線（ris de veau），約重170克
- 50克奶油
- 500克綠蘆筍
- 鹽、現磨胡椒

製作方法

取一柄尖頭水果刀，先將小牛胸線的外膜挑除乾淨。取一柄炒鍋或深底的平底鍋，放入奶油熱鍋。當奶油冒泡的時候，輕輕地將小牛胸線放入，以大火稍微將表面煎至金黃色，然後轉小火煎5-7分鐘至熟，過程中需不斷翻面。

綠蘆筍的料理方式如同厚切小牛肝佐青脆綠蘆筍的作法。快速地用水將蘆筍沖過，然後在鍋中放入奶油，小火將蘆筍拌炒約5分鐘即可。

小牛胸線算是小牛的內臟部位，味道十分細緻。享用的時候可以搭配隆河丘產區（Côtes du Rhône）的佳釀，特別是由釀酒師艾瑞克・普菲佛林（Eric Pfifferling）所釀的2009年粉紅酒「Tavel」。

紅酒燉牛嘴邊肉
佐黃蘿蔔與貝殼通心粉

4人份

- 4份牛嘴邊肉，約200克
- 3公升紅葡萄酒（挑選味道粗獷的酒款）
- 2隻小牛腳
- 1束香料
- 1顆柳橙
- 10克黑巧克力
- 2茶匙白砂糖
- 100克煙燻培根肉
- 50克珍珠小洋蔥
- 200克白磨菇
- 50克貝殼通心粉（conchiglioni）
- 4根黃蘿蔔或紅蘿蔔
- 鹽、胡椒

製作方法

前一天先將牛嘴邊肉清理乾淨，然後與香料束一起泡在3公升的葡萄酒內，放在冰箱冷藏至少24小時。

隔天，將牛肉取出另外存放，把紅酒倒入另一鍋中滾煮約5分鐘，以去除多餘酒精。在炒鍋內將嘴邊肉煎至金黃色，加入鹽與胡椒調味。

將煎過的嘴邊肉、小牛腳與紅酒倒入一湯鍋內，煮滾後轉小火慢燉3-3.5小時。待嘴邊肉與牛腳肉爛熟後取出保存，然後將剩下的湯汁過濾後，再加入珍珠小洋蔥熬煮收乾，醬汁略帶濃稠即可。

如果紅酒醬汁過酸的話，可以加入一些砂糖或黑巧克力平衡味道。

將煙燻培根肉切成肉絲，白磨菇對切，丟入醬汁中繼續熬煮，然後加入適量的鹽和胡椒調味。

黃蘿蔔切厚片，與通心粉在另一鍋中以滾水煮熟。

牛肉盛盤，配上蘿蔔與通心粉，然後淋上煮好的醬汁。

上桌前，將柳橙皮刨絲，灑一些橙皮絲在醬汁上提味。

這道層次細膩的菜餚，適合搭配新鮮、富含水果香氣、層次多元的紅葡萄酒，像是由尚・佛亞（Jean Foillard）所釀造的2009年紅酒「Fleury」就十分合適。

法式烤雉雞
佐奶油培根甘藍菜

4人份

- 1隻母雉雞（poule faisane），重約1公斤
- 1顆洋蔥
- 1支百里香
- 1片月桂葉
- 5克鹽
- 5克現磨胡椒粉

奶油甘藍菜部分：

- 1顆甘藍菜（chou vert）
- 200克煙燻培根肉或切條培根
- 2根紅蘿蔔
- 2顆洋蔥切絲
- 300克奶油
- 3克現磨胡椒粉

製作方法

雉雞清洗過後，抹上鹽與胡椒置入烤盆，同時放入切成6大塊的洋蔥塊以及百里香和月桂葉。將烤盆送入烤箱以160 °C烤約20分鐘。

烤熟的雉雞取出烤盆，置於其他容器中保溫，準備半杯熱水倒入烤盆中，將盆底雞汁與香料融出，另外倒到另一容器中保溫存放。

*奶油甘藍菜部分：*將甘藍菜用蔬菜刨片器削成細絲，紅蘿蔔切成丁（約1立方公分），洋蔥切絲。

取一柄炒鍋，放入奶油熱鍋，加入紅蘿蔔絲與洋蔥絲拌炒約5-6分鐘。不用等到洋蔥變色，將甘藍菜絲倒入鍋中繼續拌炒，然後轉小火，灑胡椒調味後蓋上鍋蓋悶煮45分鐘。中間需不時掀開鍋蓋攪拌翻炒以防鍋底沾黏。煮至一半時可將切條培根肉加入拌炒，另外可加一點點鹽調味。但須注意培根已有鹹味，鹽巴不需要放太多以免過鹹。烹煮過程皆以小火進行。

將烤雞切成四份，在盤中盛上奶油甘藍菜與烤雞，然後淋上剛剛保存的雞汁做為調味。

雉雞要選野生的還是飼養的？雉雞，俗稱野雞、山雞，市場上能找到的對一般人可說是野生，但對真正的獵人來說只能算是飼料雞。不需要去尋找真正的野生雉雞，真的找野生雉雞做料理，客人恐怕會覺得肉質難以入口。母雉雞的肉質緊緻，有種特殊的野味，需要和客人事先溝通以免排斥。這樣的味道也要找瓶充滿野性但同時兼具細緻風味的葡萄酒。南法胡西雍丘產區（Côtes du Roussillon）正是適合的產地。尚法蘭朔・尼克（Jean-François Nique）所釀造的2009年份「Les Glaneuses」正是理想選擇。

DE CHARME
L'AMI JEAN

P'TIT BASQUE
JE LÈGUE MON CORPS À LA GASTRONOMIE
À l'ami Jean,
À l'ami Stéphane
et aux
amis de
Jean-Stéphane
chez l'Ami Jean

L'Ami Jean

在L'Ami Jean（前三頁），我們可以看見Le Comptoir老闆Yves Camdeborde所描繪出的小酒館風景：熱鬧、喧囂、大吃大喝……更精確一點的說，曾經待過Le Comptoir的Stéphane Jego，後來在巴黎第七區成功地開創了屬於自己的小酒館L'Ami Jean。這間餐廳充滿了歡樂的團聚氣氛和率真的個性，不管從裝潢、氣氛還是顧客都可以看得出來。

BISTROT
PAUL BERT
RESTAURANT

葡萄酒

小酒館的翅膀

想像一下沒有葡萄酒的小酒館？大概就像……像是一個冰冷的吻，一道沒有加鹽的料理，或者是一棵光禿禿的聖誕樹。葡萄酒是小酒館的神奇翅膀，帶領著整間餐廳向上飛翔。這些酒清爽解渴，就像從吧檯上流洩下來的泉水一樣。這就是小酒館與一般餐廳的不同之處。小酒館會在吧檯上擺放一排排清涼解渴的好酒，可以即開即飲，不像一般葡萄酒需要醒酒，只要倒入杯中即可直接享用。吧檯上的葡萄酒，不僅讓人打開話匣子，也打開好胃口。簡單好喝是它們的特色，出自布根地加美產區（Gamay）、薄酒來產區（Beaujolais）、摩恭產區（Morgon）、Fleury產區或是羅亞爾河流域的葡萄酒，不會過重的單寧、味道清新，讓人可以放鬆享受。我們會選擇輕巧好用的玻璃杯，而不是傳統的球型高腳杯或是較小的80 c.c.版本。但即使選用容量150 c.c.的酒杯，我們也絕不會把酒斟滿。畢竟葡萄酒需要呼吸，才能幫我們解開緊繃的神經，喚起我們走向餐桌的食慾。

坐上餐桌以後，遊戲規則有了變化：酒單上場。這也是小酒館老闆展現個人特色的大好時機。每個人都有偏好的產區。近二三十年來，葡萄酒世界發生劇烈的變化，早已不再是波爾多和布根地二分天下的年代。如今的波爾多與布根地，已經成為一種描述葡萄酒的方式，價格也不再可親。高價讓它們成為國際貿易的要角，上流社會的炫耀主題。因此，法國人重新重視起羅亞爾河流域，包括希濃產區（Chinon）、布戈憶產區（Bourgueil）、Valençay產區、Cheverny產區的許多佳釀，當然還有再往南的隆河丘（Côtes-du-Rhône）、隆格多克-胡西雍（Languedoc-Roussillon）、Collioure產區，以及西南部各地長期受到忽略的產區葡萄

Bistrot Paul Bert的小酒瓶招牌，讓客人在搭車前來的時候，更容易向司機指出餐廳的位置。夜色中閃閃發亮的小招牌，人們從地鐵站Faidherbe-Chaligny出來，剛走到十字路口便可望見它的燈光。

Bistrot Paul Bert的厲害之處還有老闆的鼻子，可以很快幫他列出私房酒單，並且優先保留給真正充滿風土特色的產地酒，多半是符合生態保育觀念的天然產品。這樣的酒最適合搭配產區當地的生火腿、燻臘腸、鄉村麵包，就像在Le Grand Pan餐館（右頁）所提供的各種美味。

酒。

更讓人感到欣慰的是，小酒館的酒單可以不必一板一眼地遵循繁複的法定產區規定，終於可以讓許多被人遺忘的酒、不願意跟從主流價值的酒，甚至不符合產區規定的酒，也能夠像許多欠缺個性的餐酒一般受到注目，闖出一條屬於自己的道路。於是，往往只有在小酒館，我們才能遇見這些「遺世獨立的酒」、「叛逆的酒」或是「不理性的酒」。小酒館老闆存在的理由之一，就是將這些酒偷渡到他的酒單上，將這些「不規矩」的好味道介紹給客人。有時候，就在不經意間，老闆會造成一款酒的人氣暴漲，透過客人的品嚐與口耳相傳，讓原本默默無聞的酒一下子炙手可熱。這時的他又得理性控制，不過份誇大酒款的價值。簡單來說，一般餐廳對葡萄酒的標價乘數，約莫在進貨價的3.5到8倍之間。但在一間真正的小酒館裡，葡萄酒的標價乘數通常會降到1.8倍，特別是好酒，鮮少會超過進貨價的4倍。這是小酒館的經營哲學，老闆會盡量選擇栽種過程中未使用殺蟲劑，釀造過程減少使用亞硫酸鹽防腐，並且採用當地酵母發酵釀造的「天然無添加」葡萄酒，而喜愛小酒館的客人也能認同這樣的想法。即使是憂心生態的客人，也放心暢飲。

酥皮豬腳
佐塔塔醬

8人份

- 8隻豬腳
- 1束龍艾
- 4顆紅蔥頭
- 3根紅蘿蔔

高湯部分：

- 200 c.c. 白葡萄酒
- 1顆洋蔥
- 1根芹菜
- 2瓣大蒜
- 百里香和月桂葉
- 1根紅蘿蔔
- 1粒丁香

豬腳麵衣部分：

- 50克麵粉
- 3顆全蛋
- 50克麵包粉
- 鹽、胡椒
- 花生油
- 奶油

塔塔醬部分：

- 一湯匙的法式芥末醬
- 2顆蛋黃
- 200 c.c. 花生油
- 鹽、胡椒
- 2顆紅蔥頭，切絲
- 1束龍艾
- 10克的鹽漬酸豆，切末

製作方法

前一天先將豬腳與高湯材料加水燉煮約3小時。

煮熟後的豬腳，應該要可以輕易將肉從骨頭上剝離。從高湯中取出豬腳，將肉撥下另外保存，注意不要留下碎骨在湯鍋中。然後將約1公升的高湯繼續熬煮收乾至原來的一半，最後過濾倒回鍋中。

在鍋中加入切成丁的紅蘿蔔、切成絲的紅蔥頭、豬腳肉以及切成末的龍艾。

加入適量的鹽與胡椒調味，倒入製作肉凍的長方形容器中，在陰涼處靜置24小時。

隔天，將已凝固的豬腳肉凍切成2公分厚的厚片，接著先沾一層麵粉，然後沾一層全蛋蛋液，再沾一層麵包粉。每片豬腳肉凍片重複上述步驟兩遍，這是所謂的「英式麵衣」作法。最後在外層灑上適量的鹽與胡椒調味。

塔塔醬的部分，將黃芥末、蛋黃、花生油（慢慢加入）、鹽和胡椒快速攪拌打成美乃滋醬，然後加入1束切成末的龍艾、2顆切成末的紅蔥頭以及10顆切成末的酸豆。

最後，以小火熱鍋，鍋中加入花生油與奶油，然後將裹了麵衣的豬腳肉凍兩面各煎4分鐘，直到外皮呈現金黃酥脆的顏色即可。

如果你覺得這道食譜太過複雜的話，歡迎親臨Bistrot Paul Bert品嚐這道料理。

在Bistrot Paul Bert的吧檯上，碩大的黃銅冰桶裡藏著本日精選的小幸福！
當然，你得有所節制地品嚐這種幸福。

香煎鴨胸肉佐酸櫻桃醬 配迷你烤馬鈴薯

4-5人份

・4塊鴨胸肉，每份重約350克
・500克迷你馬鈴薯
・3顆紅蔥頭，切絲
・2瓣大蒜
・25克含鹽奶油
・半束西洋香菜，切末
・50克去籽酸櫻桃（griotte）
・1小撮糖粉

製作方法

馬鈴薯略微去皮（削除芽點），放入鍋中以奶油煎熟。在馬鈴薯煎至半熟時，加入切成絲的紅蔥頭和拍碎的大蒜。起鍋後在上頭灑入切成末的西洋香菜即可。

煎馬鈴薯的過程中，取另一柄不沾鍋，將鴨胸肉皮的部分朝下，無須加油，煎7-8分鐘。將煎出來的鴨油倒入另一小碗中，然後將鴨胸肉翻面繼續煎3分鐘。時間到，無須煎至全熟，即可將鴨胸肉取出。

利用同一柄不沾鍋，放入酸櫻桃與一小撮糖粉，稍微翻炒約2分鐘，櫻桃會呈現焦糖色、鍋中醬汁則呈現櫻桃糖漿的顏色。

將煎香的鴨胸肉切成約2公分的厚片置於盤中，在旁邊擺上馬鈴薯做為配菜，最後在鴨肉鋪上幾粒酸櫻桃並淋上櫻桃醬汁。

此外，倒出的鴨油可以放入冰箱保存，方便日後用來煎炒馬鈴薯，十分簡單卻很美味。

鴨胸肉是紅肉的一種，味道強勁，需要同樣風土條件的葡萄酒來搭配。我覺得波爾多布拉伊丘法定產區（Côte-de-Blaye）由雷昂德・薛瓦列莊園（Domaine Léandre Chevalier）所釀造的這款蓋胡堡（Château Le Queyroux）紅葡萄酒相當適合。

鴨胸肉專指用來製作鴨肝醬的沐蘭肥鴨（canard à mulard）的胸肉。因為鴨肝醬的風行，讓沐蘭鴨的胸肉受到美食家的注意，它兼具了鴨肉的風味與紅肉的細緻質地。

Bourgogne Aligoté - J.M Bouzereau 2009
Chablis - Domaine Chevalier - J.L Chevalier 2010
Saint-Bris - Domaine Saint Prix - Bersan 2009 25
Saint Véran - Joseph Drouhin 2009 27
Menetou Salon - Morogues - H. Pellé 2008 28
Pouilly Fumé "les Boucanés" - H. Pellé 2007 32
Cairanne - Domaine Richaud 2009 33
Beaujolais Blanc - Domaine Valette 2006 33
Bourgogne Chardonnay "les Chataigniers" H. LAMY 2004 33
Macon Chaintré - Domaine Valette - Vieilles Vignes 2009 34
Côte de Beaune "La grande Chatelaine" GIBOULOT 2009 34
Patrimonio - Grotte Di Sole 2007 35
Crozes Hermitage - Dard et Ribo 2007 35
Rully 1er Cru "le Meix Cadot" - V. Dureuil Janthial 2007 38
Saint Aubin "La Princée" - H. LAMY 2004 38
Chablis 1er Cru "Fourchaume" - B. Defaix 2006 45
Vins de Bordeaux
Château Moulin - Canon Fronsac
Château Calon - Montagne Saint-Emilion
Château Le Queyroux - 1re Côte de Blaye
Château La Commanderie - Saint-Estèphe
Closerie Mazeyres - Pomerol
Château Mirebeau - Pessac Léognan
Château Teynac - Saint Julien
Château Rauzan-Gassies - Grand Cru - Margaux
Vins Rosé
Touraine Noble Joué - Rousseau Frères 2009 18
Côte du Rhône - La Ferme St. Martin - Ventoux 2009 20
L'Anglore - Tavel - Eric Pfifferling 2008 22

Les Bienfaits du Vin

Maladie	Vin	Dose Journalière
Allergies	Médoc	1 verre
Anémie	Graves	4 verres
Artériosclérose	Muscadet	4 verres
Bronchite	Bourgogne ou Bordeaux	3 tasses
Constipation	Anjou blanc ou Vouvray	4 verres
Affection des coronaires, Tuberculose	Champagne sec	4 flûtes
Diarrhée	Beaujolais Nouveau	4 verres
Fièvre	Champagne Sec	1 bouteille
Cœur	Bourgogne, Santenay	2 verres
Goutte	Sancerre, Pouilly Fumé	4 verres
Hypertention	Alsace, Sancerre	4 verres
Trouble de la ménopause	Saint-Emilion	4 verres
Dépression Nerveuse	Médoc	4 verres
Obésité	Bourgogne	4 verres
Obésité importante	Rosé de Provence	1 bouteille
Rhumatisme	Champagne	4 flûtes
Amaigrissement anormal	Côte de Beaune	4 verres
Paresse du foie	Champagne sec	4 flûtes

Le Marsangy

在巴黎十一區，Le Marsangy閃耀著典型的小酒館光輝。老闆在廚房與餐桌間來回幫忙點菜。這裡的酒單也寫在一張大黑板上（前頁），和整間餐廳裡與「酒」有關的主題裝潢與海報（右頁）相得益彰。

PORTO & SHERRY
SANDEMAN
EXCEPTIONNEL
MERLOT
"Fantastique"
CHAT NOIR
CLOCHETTE
DE ET PAR PHILIPPE ROMAN:
L'OPERA-BOUFFE
Sentir le bouchon
Verser lentement
Plaisir des yeux
Plaisir du nez
Préparation mentale
Plaisir de la bouche
OUS ATTEND DEPUIS 40 ANS
COMME A MARSEILLE...
PASTIS
OLIVE
pschitt
DUBONNET
DUBONNET
DUBONNET

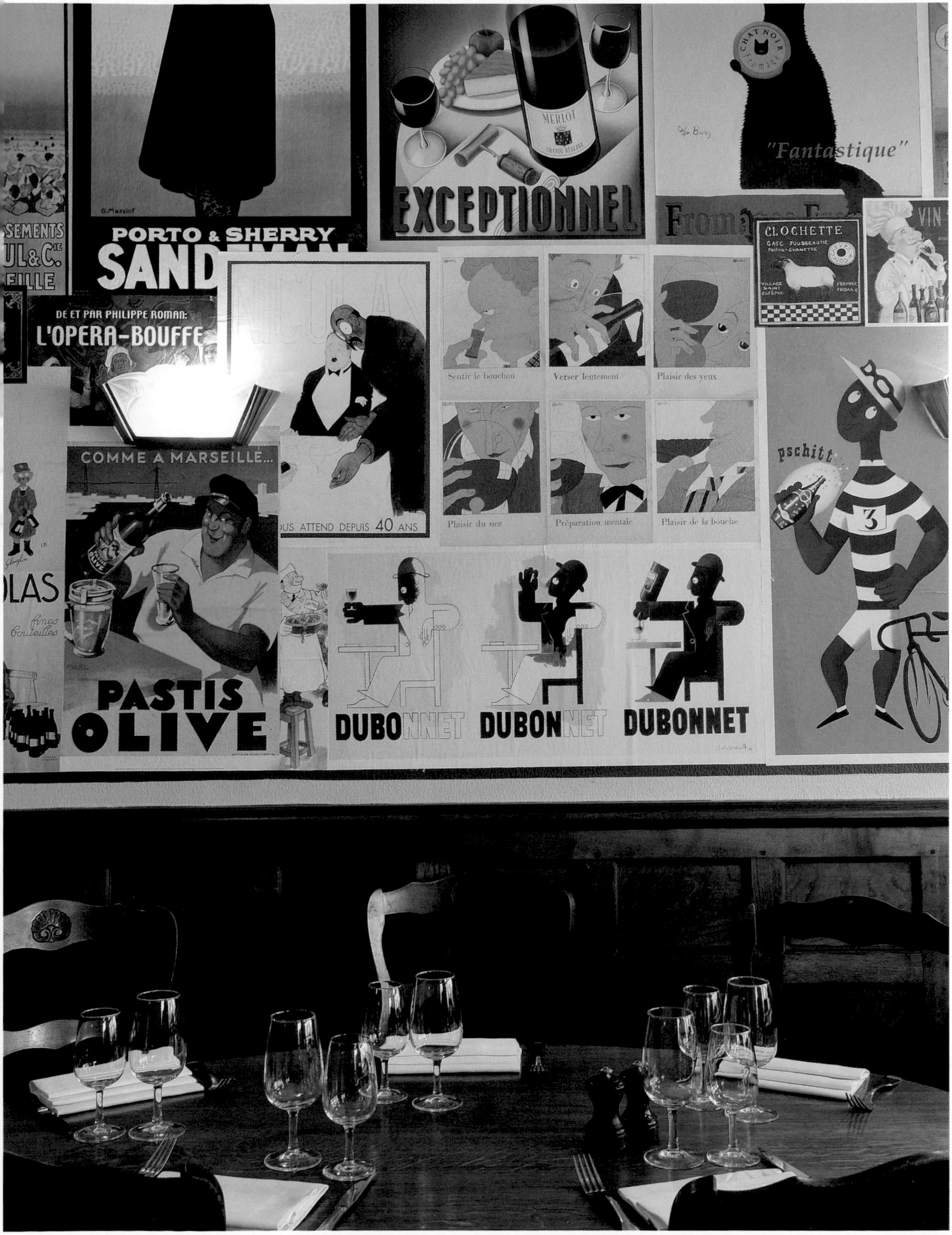

香煎青鱈魚排佐雞油蕈

4 人份

- 4塊帶皮青鱈魚排，每塊約重250克
- 400克小朵雞油蕈
- 50克奶油
- 2瓣大蒜
- 西洋香菜
- 鹽、胡椒
- 橄欖油

製作方法

雞油蕈以清水簡單沖洗，然後以乾布拭乾。

平底鍋中放入50克奶油熱鍋，拌炒雞油蕈約5分鐘，然後在起鍋前加入切碎的大蒜與西洋香菜。

取另一柄平底鍋倒入橄欖油，魚皮朝下，以中火煎數分鐘，等到魚皮酥脆、魚肉呈現略帶透明狀時，灑上鹽、胡椒以及切末的西洋香菜調味。

將魚肉盛盤，然後搭配雞油蕈做為配菜。

布列塔尼鰈魚佐奶油白醬

4 人份

- 4份歐洲鰈魚（barbue），每塊約重250克
- 400克奶油（300克用於製作醬汁，100克用於煎魚）
- 200 c.c.高品質白葡萄酒
- 1茶匙雪莉醋
- 鹽、胡椒

製作方法

*奶油白醬部分：*白酒與雪莉醋倒入小鍋中，煮滾後轉小火收乾，加入一點鹽和胡椒調味。關火後，將300克的奶油分幾次加入酒中，輕輕攪拌使其完全融入醬汁。最後試試看味道，可以再放入鹽和胡椒調味。

取另一平底鍋，以奶油熱鍋，將鰈魚肉兩面各煎約5分鐘（根據魚肉厚度調整時間）即可。

- **Bistrot Paul Bert的這道菜通常在綠蘆筍、細蔥、磨菇等蕈類上市後的季節才會推出。**
- **將奶油白醬放入另一小碟子或小碗中存放，以免盤中食物的高溫破壞醬汁的滑順口感。**
- **也可以在製作醬汁的最後步驟滴入幾滴檸檬汁。**

小酒館必備

乳酪——百分百生乳製作！

我們常常滿心歡喜看著它，卻又不得已地只能搖頭拒絕，然後在心中告訴自己才剛避開了一場卡路里超標危機。儘管如此，乳酪仍是小酒館不可或缺的一部份。試著想想如果小酒館裡沒有乳酪會怎麼樣？我想我們很快就會聽到客人的抱怨與牢騷，喊著「快把乳酪拿回來吧！」甚至有些客人還會停下刀叉，以絕食的方式表達不滿。現在有些餐廳改用精緻的磁盤呈上自家乳酪，但也有人仍堅守傳統、以厚實木材構成乳酪拼「板」。在各種餐後送上乳酪拼盤的夢幻時刻中，又以Le Comptoir的乳酪最讓人感到驚喜。乳酪這種簡單的幸福，不需要太多解釋。在餐後送上至少六到八種乳酪供客人自由選擇，從生乳酪到熟乳酪，總是能帶給他們驚喜與滿足感。數年過去了，如今的小酒館業者大多只提供康塔勒乳酪（Cantal）和薩賴爾乳酪（Salers）兩種選擇，不單單是因為這兩種乳酪的質地較硬、容易分切，還有它們在各種天候下都比較容易保存。乳酪拼盤通常還得配上香酥的麵包和奶油，後者根據不同的老闆有不同的作法與選擇。我們通常會選擇半鹽奶油搭配，把無鹽奶油留到製作甜點時使用。

盛裝乳酪拼盤的木板並不需要特別大，
但要注意清潔，讓各種乳酪都能保持新鮮。

馬鈴薯血腸餡派佐焦糖奶油青蘋果

4-6人份

馬鈴薯泥部分：
- 1公斤馬鈴薯
- 100 c.c.牛奶
- 100 c.c.濃稠鮮奶油
- 100克無鹽奶油
- 鹽、胡椒和肉豆蔻

血腸部分：
- 600克血腸(boudin noir)
- 10克奶油
- 2瓣大蒜
- 5顆紅蔥頭，切絲
- 半束的西洋香菜

配菜部分：
- 2顆青蘋果
- 25克的半鹽奶油
- 1顆方糖
- 25克的麵包粉

製作方法

*馬鈴薯泥部分：*煮一鍋滾水加鹽，丟入馬鈴薯煮熟。待馬鈴薯完全煮熟後，以壓杓將馬鈴薯壓碎成泥，然後加入鮮奶油、牛奶以及奶油，以橡皮刮刀將其攪拌均勻。最後加入適量的鹽和胡椒調味，以及一小撮的肉豆蔻粉（約磨三下的份量）。

*血腸部分：*取一柄炒鍋，放入10克奶油熱鍋，然後加入切成絲的紅蔥頭和切成末的大蒜，以小火略微爆香。不需要等到蔥蒜變成金黃色，將血腸的腸衣去除，然後將肉餡加入炒鍋中，以小火拌炒約5分鐘。離火後，灑上切成末的西洋香菜。

青蘋果削皮、去籽，然後切成均等八片。取另一柄平底鍋，放入25克半鹽奶油，以中大火將蘋果片與方糖拌炒約2分鐘。取出蘋果置於盤中，將鍋中的奶油與糖稍微收乾至呈現輕微焦糖色澤即可。

取四個金屬圓環模具，將馬鈴薯泥與血腸依照「馬鈴薯泥、血腸、馬鈴薯泥」的順序填入圓環。以兩層馬鈴薯泥中間夾上一層血腸餡，並在最上頭灑一層麵包粉。

這道菜上桌前需先送入烤箱烤約5分鐘。注意烤箱中的溫度與麵包粉的色澤變化。等到麵包粉呈現金黃色澤便可取出。將餡派盛入盤中脫模，然後在上頭擺放幾片青蘋果並淋上一匙鹹奶油焦糖醬。

這道菜非常適合搭配生菜沙拉食用。

這是一道專屬小酒館的市井料理，有點像是大雜燴，適合不拘小節的客人。這道菜與清爽容易入口的紅酒十分搭配，像是提耶里・普滋拉（Thierry Puzelat）這位突破常規的天才葡萄農與製酒師所釀造的黑皮諾品種紅葡萄酒，或是在正午時分配上一杯位於隆河右岸聖約瑟法定產區（Saint-Joseph）塔德與韓波酒莊（Domaine Dard et Ribo）所出產的白酒也不錯。

BISTROT

Armagnac TREPOUT 12ans
Porto NIEPOORT Tawny
Pur Pom Eau de Vie de Calvados 2005
Eau de Vie de Marc GUY BUSSIERE
Eau de Vie de Framboise C.BINNER
Domaine du Possible : C'est pas la mer à boire
DROIT DE BOUCHON
+7€ / BOUTEILLE
+14€ / MAGNUM
CAFÉ 2€
Sabine Drabowitch
en concert
LA SCENE
DU CANAL
Sabine DRABOWITCH
mardis 8 et 15 mars 2011 :20H

Le Verre volé

不久之前，Le Verre volé還是專門賣酒的店鋪（下頁），只提供一些配酒的小菜。從上一季開始，酒舖轉型成為一間道道地地的小酒館，提供真正的料理以及許多新鮮有趣的菜色。想當然，他們的酒單陣容華麗不在話下。

SCAPA
G&M
TAKETSURU
竹鶴
FESTIVAL
AU fil DES
Voix
dorothy s gallery

Les Entrées du Moment
Terrine de Campagne "Maison"
Assiette de Fromages de Mr Bordier
Boudin Noir Grillé
Saucisse au Couteau

Servi bleu, saignant, ou mal cuit!!
LA MAISON N'ACCEPTE PLUS
LES CHEQUES
MERCIER
MUSCLES
MENU
16,50€
d'Espelette
multicolores

服務生

餐館的粒子加速器

何謂小酒館？除了吧檯、老闆加上主廚，還有什麼？如果以為小酒館的世界就是由以上幾項構成的三重奏，也未免想得太簡單了。成就小酒館的要素可不僅如此，還有一些不可忽略的重要人物，譬如客人。如果沒有客人，就像沒有聽眾的歌手，只能悲哀地面對一片寂寞。當然還有不可或缺的服務生。雖然有些小酒館由老闆打理外場一切，但往往是行不通的。除了老闆累得要死，客人也會等到不耐煩。服務生就像一場戰役中的能源、燃料、火花，沒有他們，小酒館便無法持續運作，一轉眼客人就會走的走、散的散。他們就像主廚與老闆的替身，負責送餐並回收餐具，還要負責注意千百項細節，包括：拭乾酒杯、替客人倒酒、切好麵包、盛滿奶油碟，還得注意調味料是否足夠（像是芥末瓶）、撣去椅子上的灰塵，以及記得在送甜點前先把桌面清理乾淨，或為吃牛排的客人換上牛排刀、斟滿每桌的水瓶、沖煮咖啡……一間小酒館能夠順利經營，不一定全是主廚或老闆的功勞，也有一部份必須歸功服務生。如果服務生每天都能帶著好心情來上班、應對伶俐，便可保證接受服務的客人也會和他們一樣喜歡這個地方。雖然很難評估服務生對餐廳品質的貢獻，但若是他整天垮著一張臉，沒法溝通的話，可以想像整間餐廳的氣氛與對待料理的態度也不過如此而已。我們可以想像得到，從買菜開始到進貨存放，他都會這麼無精打采的敷衍了事。

對於懂得放慢速度掌握節奏，仔細審視從買菜到存放食材每一個環節

在Bistrot Paul Bert，Laetitia算是新世代的服務生。她充滿個人特色的熱情接待方式讓客人感受到小酒館的靈魂。於是點菜時刻成為一種與客人交流意見、分享幸福的時光……這是我們讓人一試成主顧的待客之道。

ROUGES AU VERRE :
Verre 12cl
Pot 50cl
BTL 75cl
BOJO VILLAGE COQUELET 10 3,5 14 21
"RAYOS UVA" O. RIVIERE 09 3,5 14 21
3,5 14 21
"MATIN CALME 3,5 14 21
FOULAQUIER 07 6 24 35
4,5 18 27
AU VERRE :
"GD BLANC" MILAN 09 5 20 31
DOM HUARDS 07 3,5 13 19
"ZACMAU" L'ESCARRET 05 4 16 25
VEZELAY "GALERNE" MONTANET 09 4 16 25
6 24 35
"EGLANTINE" COURAULT 23
SORGA 3 14 20
NICQ 50cl 25
"FOLIE" S.BRUNET 08 5 30
POTHIERS 50cl 42
"EQUILIBRISTE" DELECHENEAU 09 55
OSTERTAG 07 55
DOM. SOUCH 07 38
"MARIE-KATTALIN" SOUCH 07 43
"MARC'ANTE" VIEUX BOURG 44
"CHAMP BOUCAULT" 07 38
MOSSE 09
"BIGUINES" 69
VOST ROSÉ 88
64
"MONTGUEUX" 8 48
80
"INITIALE" 65
"V.O" 90
3 20
"BORDELET 24
"BORDELET 32
"BULLES ROSES" POTHIERS 4 25
"NID DE GUEPES" CHAHUT 24
BOURGOGNE CHERMETTE 25
"BUTTE" PUZELAT 09 22
"PYTHON PAILLE 29
MOSSE 09 28
"PERRIERES" BRETON 90 60
"VIVIER" DOM HUARDS 06 22
"PERRIERES" BRETON 97 65
ALLIET 07 44
"ARDILLES" VILLEMADE 09 28
"GUILLAUME" MAUPERTUIS 09
DOM. HUARDS 09
CHAHUT
"NAT' NOIRE" PICATIER
"CA C'EST BON" LEBLED 10
ROUSSILLON :
"LA GRASSE" SORGA
"FAIT TOUT" POUJOL 08
"PUIGORIOL" TOUR VIEI
"PINEPE" TOUR VIEI
"TPS DES CERISES
"LUNA" DUCHESNE
PEYRE ROSE 03
PEYRE ROSE
FANTINE
"ARBALETE"
"QUERIDA"
MILLE VIG
MILLE VIG
KALK
"SOURCES"
MANN 09
"GRIBOUILLE"
KALKAL 08
"VIEILLES VIGNES"
LA BAIGNEUSE 08
"KLUK" F.MERO
F.MERONO 09
KALKAL 07

無論在 Quedubon（前頁）、L'Abordage、Le Verre volé，還是Le Repaire de Cartouche 或Bistrot Paul Bert裡（上圖從左到右），料理不見得是唯一主角，熱情的服務與引導也同樣重要。

的小酒館而言，從進門的瞬間到用完甜點的那刻，帶給人們的是品質步調始終如一的和諧感受。不會有突如其來讓人不快的插曲。每一道菜、每一個環節都有它的意義，並且前後呼應。在這樣的店裡，服務生像是替每個環節的齒輪點上潤滑油般，讓整間餐廳運作順暢。他們建立起客人對這家店的忠誠度，陪伴客人點菜點酒，不讓他們感受到一絲等待。他們要比客人更早一步猜出他們的喜好與善變。不放西洋梨的糖煮西洋梨冰淇淋甜點（poire belle-hélène）？沒問題！用紅馬鈴薯炸的薯條？沒問題！客人的要求常常沒什麼道理，卻沒什麼不可以。當然，最終還是要由老闆與主廚來做決定。服務生能做的，就是在老闆與主廚的專制之下，偷偷向廚房要份薯條賄賂客人。在小酒館這齣文明都會劇的舞台上，服務生就像充滿自信的探戈舞者，穿梭在廳堂之間（但不像在酒吧般那麼喧賓奪主），扮演好恰如其分的角色。他們是劇中最先登場的明星，明白自己的角色並且樂在其中，寬大的圍裙在店中翻飛，就像鬥牛士手中的紅布一樣漂亮。而他們也像鬥牛士一樣，知道何時轉身，如何取悅觀眾，讓人們能在一天即將落幕時，慶幸自己身在小酒館、享受這一切。

LE BISTROT

松露美乃滋白煮蛋

4人份

- 4顆雞蛋
- 5克法國產黑松露（truffe noire melanosporum），切薄片

美乃滋部分：

- 2顆蛋黃
- 5克法國產黑松露
- 1大湯匙法式芥末
- 100 c.c.葡萄籽油
- 鹽和胡椒

製作方法

用電動打蛋器，不嫌費力的話也可以使用手動打蛋器製作美乃滋。將蛋與整塊黑松露放置於一個密封容器內，然後放入冰箱冷藏至少24小時。之後將5克的黑松露切成細碎，與其他美乃滋所需材料一起攪打。

煮好4顆白煮蛋，在水龍頭下將白煮蛋撥去蛋殼，然後延長邊切成兩半。將切成半的水煮蛋放置於盤中，上頭擠上一大匙的松露美乃滋，然後鋪上一片松露薄片即可。*（見103頁）*

白煮蛋也是有技巧的。將水煮滾後轉小火，依據雞蛋的大小，讓水保持在小滾狀態煮約10分鐘。如果火開太大，雞蛋會熟得太快，讓蛋黃表面浮現一層淡綠色且散發出淡淡硫磺味，不太好聞。

黑松露炒蛋

4人份

- 每人2顆雞蛋
- 200 c.c.濃稠鮮奶油
- 10克法國產黑松露
- 5克法國產黑松露，切薄片
- 鹽和胡椒

製作方法

將10克的黑松露切碎與鮮奶油混合。鮮奶油放小鍋以小火煮至起泡（浮現小泡沫即可），約15至20分鐘。

在平底鍋或鐵板上，將蛋煎至半熟然後盛盤。每份雞蛋淋上3湯匙的松露鮮奶油。然後將5克的松露，以刀或松露專用的刨刀切成極薄的薄片鋪在雞蛋上。灑上適量鹽與胡椒調味即可。

- **這道菜的重點在奶油必須充滿松露香氣，因此松露必須事先泡在鮮奶油裡至少24小時。**
- **同樣的雞蛋也是如此。以密封容器將生雞蛋和整塊松露泡在一起，放入冰箱保存至少24小時。**
- **直接食用的松露薄片時，必須等到上菜前最後一刻才切片。如此一來松露才能保持爽脆口感，不會變軟。**

黃酒閹雞佐自製馬鈴薯泥

4人份

- 1隻母閹雞（去除卵巢養肥的母雞），約重2公斤
- 200 c.c. 濃稠鮮奶油
- 15克奶油
- 100 c.c. 諸羅黃葡萄酒（vin jaune du Jura）
- 4顆紅蔥頭
- 2公升雞高湯
- 鹽和胡椒

馬鈴薯泥部分：

- 1公斤馬鈴薯
- 50克奶油
- 200 c.c. 無發酵液狀鮮奶油
- 200 c.c. 全脂牛奶
- 鹽和胡椒
- 肉豆蔻

製作方法

湯鍋中煮滾雞高湯，將母雞放入，以小火燉煮20分鐘。取出母雞，瀝乾後放入烤箱以160 °C烤約1.5小時。

仔細地將雞皮去除，然後將全雞切成四等分。取一柄炒鍋，以15克奶油熱鍋放入紅蔥頭拌炒。當紅蔥頭變成半透明狀時，加入100 c.c. 高湯及濃稠鮮奶油，熬煮收乾成濃稠狀醬汁。醬汁倒出過濾後，倒回原先炒鍋中，然後加入黃葡萄酒，煮滾約1分鐘即可。最後加上適量的鹽與胡椒調味。

再來做馬鈴薯泥，先煮一鍋滾水加鹽，放入馬鈴薯煮熟，再以壓杓壓成泥，然後加入牛奶、鮮奶油和奶油，利用橡皮刮刀攪拌均勻。最後加入適量的鹽與胡椒調味。將烤雞盛盤，淋上一層醬汁與兩大杓馬鈴薯泥作配菜。

如果第一次製作這道料理，沒有雞骨架可燉高湯的話，也可以選擇雞湯塊代替。但是用雞骨架與雞皮燉煮的高湯，味道鮮美也花不了太多時間。雞骨架燉的高湯用途廣泛，可以加入一些太白粉或是檸檬汁做為湯底，或是放涼後裝入塑膠容器冷凍以供日後使用。

關於熬煮雞高湯的製作方法，請參照168頁食譜下方的「小叮嚀」。

提到諸羅地區（Jura）特產的黃葡萄酒，不能不介紹Pierre Overnoy這位葡萄農與釀酒師。對大自然的謙卑以及精準的直覺，讓他成為「天然無添加葡萄酒」的先驅以及推廣這項技術的創始人。他所釀造的紅葡萄酒有著驚人的生命力，而他所釀造的黃葡萄酒則跨越時間展現出深厚的層次。無論是科西嘉島上帕特蒙法定產區（Patrimonio）的釀酒師Antoine Arena，羅亞河流域的Thierry Puzelat，或者其他酒莊主人或釀酒師，在與Overnoy會談後都深深改變了他們對葡萄酒以及釀酒技術的想法。

1989
Vin Jaune
Appellation ARBOIS
Pierre OVERNOY
Mis en bouteille par
Gaec Emmanuel HOUILLON

小酒館必備

麵包——外酥內軟的重要性

雖然這樣說可能有點武斷也不公平，但是一間小酒館的好壞可以由它的麵包來判斷。僅看麵包就好：看麵包的呈現方式、供應方式，當然還要看麵包本身的品質。好的麵包必須要有香氣，外殼必須酥脆，甚至還得要有個性。好的麵包可以和奶油完美搭配，更可以喚起人的食慾。沒有什麼比薄薄一片、沒有香氣的麵包更讓人感到乏味了。這種麵包垂頭喪氣、無精打采，像是個缺乏活力的人。更糟的是那種工廠大量生產的麵包，經過機器製作、清潔和殺菌，麵包的靈魂早就死了。麵包，可以視為小酒館的評分指標。首先要看麵包的新鮮度與選擇類型。可以選擇棍子麵包，雖然理論上它多半被當成午餐的配餐麵包，因為經過一整天，放到晚上的棍子麵包通常會失去新鮮度與酥脆口感，柔軟的內在也會變乾缺乏鮮活的香氣，沒了應有的魅力。鄉村麵包是另一個好選擇，特別是麵包師普久宏（Poujauran）專為小酒館設計的鄉村麵包，可以說是一首完美的配樂。依照普久宏的配方做出的鄉村麵包，能讓整個料理更上一層樓。軟糊的麵包甚至沒有麵包，只會讓晚餐走調。沒有什麼比得上能吃到與餐點完美匹配的麵包更讓人覺得開心了！餐桌上最美妙的瞬間，就在犯罪的那一刻：用麵包沾滿盤底的醬汁將菜一掃而空。麵包的美妙之處在於剛出爐的瞬間，溫熱的香氣四溢，就像教堂裡的線香一樣，成為了整個用餐儀式中不可或缺的一幕。以聖經來比喻的話，當料理、酒、麵包三位一體的時候，我們彷彿不在餐桌上而是在創世紀的畫裡。

棍子麵包也好，鄉村麵包也好，總之好餐廳一定會有好麵包。
當你一坐下來，服務生便送上一籃香酥的麵包，接下來的料理肯定精彩可期。

鴨肝凍
佐金桔果醬

10人份

- 1.5公斤肥鴨肝
- 18克鹽
- 5克胡椒，磨成細粉
- 2克肉豆蔻
- 500克金桔
- 50克新鮮嫩薑，磨成泥
- 4塊方糖
- 40克生松子

製作方法

去除鴨肝上頭的薄膜與血管，盡可能保持鴨肝完整，在避免切碎的前提下剔除主要的血管。
鴨肝表面均勻抹上調味料（鹽、胡椒、肉豆蔻粉），靜置1小時。
烤箱預熱65°C，鴨肝放在烤盤上送入烤箱約20分鐘。取出後，鴨肝會保持溫熱狀態且在表面泛出油光。將鴨肝放入製作肉凍的長方形容器中，隔著保鮮膜以重物在上方壓約15分鐘使鴨肝密實。然後放入冰箱冷藏至少36小時。
金桔沖洗乾淨後對切剖半。再將金桔與250 c.c.水、磨成泥的嫩薑以及四顆方糖一起熬煮約30分鐘。煮到呈現濃稠果醬狀時，加入30克松子然後離火放涼。之後將果醬裝入空瓶中放入冰箱冷藏。
製作好的鴨肝凍切片盛盤，在上頭淋上一小匙的金桔果醬，再灑上一點松子即可。

小叮嚀

鵝肝或鴨肝料理是小酒館的必備菜色之一。煮熟的鵝肝或鴨肝可以搭配肉類料理，冷盤的話則可採半熟的鹹派方式呈現。除了搭配生菜沙拉或是抹在現烤麵包上，也可以削成薄片配扁豆泥（crème de lentilles），或用時下「分子料理」餐廳熱愛的「混搭」方式，將鵝肝醬或鴨肝醬削成薄片冰凍後直接吃或配上焦糖布蕾一起食用。

Yves Camdeborde曾在La Régalade招待我一道用鴨肝內餡做成的炸肉丸，讓我驚為天人。鵝肝或鴨肝料理若要成功，關鍵在於肝臟的品質，更精確一點的說就是新鮮度。新鮮的肥鵝肝或鴨肝顏色淺亮呈現近小麥的粉黃色，外表觸感滑嫩就像小嬰兒的皮膚柔軟但有彈性，不會水水的。真正新鮮的肝臟通常不會用真空包裝，而是以特殊的食材包裝紙包裹販售，去除血管時要特別小心，避免破壞完整性，再根據不同的食譜料理，請好好享用吧！

BYRRH

Chiroubles
Fleurie
Côte Rôtie
58 €

CHATEAU

L'Abordage

位於巴黎聖拉札火車站（Saint-Lazare）附近的這間小酒館，讓我們才踏進門就想要脱口而出：「就是它了，真正的小酒館！」這間餐廳的葡萄酒單、裝潢風格，到它的血腸、牛排、豬雜大腸（andouillette）等各種市井料理，處處皆體現小酒館的精髓所在。這也難怪，L'Abordage有位深諳小酒館精神的老闆Bernard Fontenille，和一群迫不急待上門的客人……（112-115頁）

巴黎布列斯特杏仁榛果奶油夾心泡芙

8份泡芙

泡芙部分：

- 125 c.c. 牛奶
- 125 c.c. 水
- 100克奶油
- 25克砂糖
- 4克鹽
- 125克麵粉
- 4顆全蛋
- 杏仁薄片

夾心奶油餡部分：

- 1公升牛奶
- 12顆全蛋
- 70g 麵粉
- 250克砂糖
- 1公斤奶油
- 850克榛果杏仁粉（pralin）
- 300 c.c. 鮮奶油

製作方法

*夾心奶油餡部分：*前一天先製作。將牛奶煮滾，然後取另一個容器，將雞蛋與砂糖倒入其容器中打發至出現白色綿密泡沫為止。再將麵粉倒入盆中，以橡皮刮刀將麵粉與雞蛋液混合均勻，然後將煮沸的牛奶倒入混合。

混合均勻後將整盆倒回鍋中，以小火熬煮收乾到像是卡士達奶油的濃稠程度為止，離火。

將奶油切成小塊加入鍋中，利用餘溫使奶油融化。然後加入榛果杏仁粉攪拌均勻。

將奶油餡放入冰箱冷藏至少12小時。

*泡芙部份：*將牛奶、水、奶油、鹽和砂糖倒入炒鍋內攪拌煮滾。然後加入麵粉，轉小火，不斷攪拌使麵團成型且防止沾黏鍋底。熄火後加入雞蛋，一次加入一顆，攪拌麵團使雞蛋均勻混入其中。

取一烤盤鋪上烘焙紙，利用擠花器將麵團在烤盤上擠出八個甜甜圈形麵團。然後在麵團上重疊擠上第二層略小的甜甜圈形麵團。

在麵團上方灑上杏仁薄片，烤箱預熱180 °C，將烤盤送入烤箱先以180 °C烤30分鐘，然後調低溫度至150 °C繼續烤10分鐘。

上餐前，將鮮奶油打發，混入事先做好的奶油餡，再將混合後的奶油餡倒入擠花袋中備用。

泡芙水平對切成上下兩片，在底層的泡芙擠上一大圈奶油餡，再蓋上另一半的泡芙。最後灑上一些糖粉即可。

關於巴黎布列斯特杏仁榛果奶油夾心泡芙（Paris-Brest）的小故事：甜點師傅Louis Durand在1910年為了紀念自行車盛事「巴黎－布列斯特環行賽」（Paris-Brest-Paris）發明了這道甜點。因賽事行經他所在的巴黎郊區Maisons-Lafitte，他特別設計出仿造自行車輪胎形狀的泡芙皮，並在中間填入榛果杏仁奶油餡，結果大受歡迎。這道甜點會出現在Bistrot Paul Bert的菜單中，得歸功於我兒子湯瑪士曾在米其林雙星主廚Gérard Besson位於Coq-Héron店內學過作法，如今已成為來Bistrot Paul Bert不可錯過的重點之一。許多小酒館也提供這道甜點，我建議可以嘗試巴黎瑪黑區甜點師Jacques Génin作品，保證不會讓你失望（La Chocolaterie de Jacques Génin: 133 rue de Turenne, Paris）。

餐桌

好好吃頓飯！

準備好了。整間餐廳的陳設，都是為了讓你與美食相遇。餐桌就像電影場景，燈光照明、布景道具都安排的妥妥當當，好讓你與料理來場美妙的邂逅。再過幾分鐘，主菜就要粉墨登場。每道菜都有不同的特色，沒吃之前無法猜測會是怎樣的滋味。嚐過才算數，正是料理迷人之處。

當我們在一間小酒館裡找到位子坐下時，儘管一道菜都還沒點，但屬於這家店的旋律已經在不知不覺間悠然響起。我們常常看見了卻沒有注意到，只因少了一點敏銳的觀察力。我們沒有發現餐桌早已經安排妥當，整整齊齊。這代表這艘餐廳的帆已經揚起，蓄勢待發等待出航。想到餐桌，我們會很快聯想到上面折疊整齊或是捲成花形的餐巾，但我們想像不到這當中蘊藏了許多不同的細節。而從這些細節中，可以看出每家店各自不同的想法與抱負。常常我們會看到許多急就章的作法：有些選擇用人造纖維製成的餐巾，一點也不吸水；有些則只是用簡單的紙巾代替，無論尺寸、厚度都讓人不滿意，不管鋪在腿上還是用來擦嘴都讓人感到一種草率的無奈。這些都是擺錯地方、不適合小酒館的餐巾，無法稱職地扮演好它的角色。我們所要的餐巾，或者說理想的餐巾，應該是以白色為底的布巾，尺寸寬大且須燙平才不會給人抹布的印象，即使攤開來在桌上或身上一樣筆挺有型。寬大的餐巾就像一位英雄：對男士而言，是面抵擋所有飛濺過來東西的盾；對女士而言，像位保護自己裙底風光不外洩的紳士。有些人會把它纏在腰間，像是和服或男士晚禮服上的腰帶一樣。當某個午餐約會以這樣的形式開始，廚房和服務生就得加緊腳步，千萬別耽誤了上菜時間，因為這代表客人已經迫不急待想要用餐了。若你以為小酒館的餐桌藝術比不上大餐廳，那可就錯了。小酒館雖將餐桌藝術極簡化，但仍有其堅持的原則：餐盤一定會選用白色厚磁，像是天使頭上的光環一樣，堅固

關於桌面的選擇有許多不同的看法：究竟應該呈現桌子的木質本色還是要鋪上桌巾，每家小酒館自有主張，午餐的時候可以隨性一點，晚餐時段或許更正式一些。上圖從左至右分別為L'Ami Jean、Quedubon和Le Gorgeon的餐桌擺法。122頁圖片則可以看到Philou的餐桌陳設。

而厚實。

小酒館的餐具都是經過仔細挑選的，必須堅固耐用。想想看小酒館的原木吧檯，它就像一頁白紙，該用怎樣的餐具在上頭寫出小酒館的慷慨風格呢？其他像是刀叉，也應該走鄉村風格，厚實質樸、手感沈穩，即使聊到激動時也能穩穩握住。此外，一張小酒館餐桌少不了防潮性佳的鹽罐與研磨胡椒瓶，絕對不會貪小便宜用磨好的胡椒粉代替。看到桌上擺著的胡椒粉，客人馬上知道這是個不值得期待的餐廳。小酒館的餐桌上還需要有一只水瓶，裡頭必須時時裝滿清涼的水。當然也不能忘記一籃麵包與醒酒瓶——如果客人打算開瓶酒的話。待所有器具各就各位，就是讓客人看菜單和本日特餐黑板的時刻。廚房開始動起來，整間小酒館的引擎逐漸加速運轉，再過幾分鐘料理就會粉墨登場，而客人早已安穩舒適地融入這個地方了。

de Cabillaud, épinards tièdes aux couteaux
Coquilles St Jacques rôties, purée de céleri rave (+4)
Joue de Boeuf, blettes fondantes
Poulet fermier rôti, grenailles et champignons
Carré de Porc rôti, endives
Rognon de Veau, petits légumes
Baba au rhum
Gelée de litchi, crème de thé
Fondue au chocolat, fruits et choux
Pomme rôtie, glace caramel
Parfait au Café

牛肝蕈煎蛋捲

4人份

- 320克牛肝蕈
- 20克奶油
- 12顆全蛋
- 1瓣大蒜
- 1茶匙鮮奶油
- 10克西洋香菜
- 鹽和胡椒

製作方法

用自來水將牛肝蕈略為沖洗，再以乾布擦乾。

牛肝蕈切成小塊。取一柄平底鍋，以奶油熱鍋後加入牛肝蕈切塊和切成末的大蒜拌炒約5-6分鐘，炒至略帶金黃色即可，加上鹽和胡椒調味。

雞蛋和鮮奶油倒入大碗中攪拌均勻，加入切成末的西洋香菜調味。將蛋液加入平底鍋中倒在牛肝蕈上，依照個人喜歡的熟度做成煎蛋捲。

牛舌馬鈴薯沙拉

4人份

- 1條牛舌
- 500克法國手指馬鈴薯
- 1顆紅肉洋蔥

香料部分：

- 1顆洋蔥
- 1顆丁香
- 1根紅蘿蔔
- 1根芹菜
- 百里香、月桂葉少許
- 現磨胡椒、鹽

油醋醬部分：

- 1茶匙的法式芥末
- 鹽和胡椒
- 2顆紅蔥頭，切絲
- 1茶匙雪莉醋
- 1束龍艾
- 100 c.c. 花生油

製作方法

牛舌與香料置於大鍋中，倒入三倍份量的冷水，以小火燉煮約2.5小時。煮熟後剔除牛舌的外膜放涼。

另外煮一鍋滾水加鹽，放入馬鈴薯煮熟後去皮。

將去皮的馬鈴薯和牛舌一起切成方塊。

將油醋醬的材料倒入碗中攪拌均勻，取一只沙拉盆將切成塊的牛舌、馬鈴薯和油醋醬倒入盆中拌勻。最後將切成末的新鮮龍艾與切絲的紅蔥頭灑在馬鈴薯牛舌沙拉上點綴即可。

- **製作馬鈴薯沙拉的時候，切記馬鈴薯要現煮現用，不要先煮好放到冰箱冷藏。**
- **油醋醬的部分，如果是製作其他生菜沙拉時，可以在最後加入2湯匙肉汁（最好是烤雞的雞汁）或是一條去鹽的鯷魚肉打碎混入亦可。**

香煎比目魚佐檸檬奶油醬與馬鈴薯

4 人份

- 4條比目魚，最好選魚身小且硬挺者，每條約重300-400克
- 70克半鹽奶油
- 50克麵粉
- 1顆檸檬汁
- 800克馬鈴薯
- 半束西洋香菜

製作方法

比目魚去皮，也可以請魚販幫忙處理。

麵粉倒在盤子上，將去皮後的比目魚兩面沾滿麵粉。

取一柄不沾鍋，以奶油熱鍋，以中大火將比目魚的兩面各煎約2-3分鐘。待比目魚表面呈現漂亮金黃色時取出盛盤。

再於同一平底鍋內加入30克奶油及檸檬汁，一分鐘後將鍋中的汁液倒入醬汁碟。

事先將馬鈴薯以滾水加鹽煮熟，然後在水煮馬鈴薯上淋兩匙檸檬奶油醬汁並灑上切成末的西洋香菜。將馬鈴薯與香煎比目魚一起盛盤上菜。

法式伯那西醬牛排佐自製薯條

4 人份

- 4塊牛排肉（至少300克的厚切肋眼）
- 1公斤馬鈴薯，切成薯條

伯那西醬部分：

- 250 c.c. 白酒
- 100 c.c. 葡萄酒醋
- 4顆紅蔥頭，切末
- 10克黑胡椒，搗碎
- 1束龍艾
- 5克粗鹽
- 250克奶油，隔水加熱成液狀
- 2顆蛋黃
- 20 c.c. 水

製作方法

牛排與薯條的烹飪方式十分簡單，但牛排有一些小技巧可以提供參考。先在平底鍋抹上一層薄薄的奶油，然後以強火快速煎過牛排兩面，接下來轉小火依照個人喜愛的熟度慢慢煎熟內部。如此可讓牛排表面呈現漂亮的金黃色且帶有一些烤牛肉的風味。千萬不要將牛排煎成整片灰色，那會使牛排失去肉汁、毫無口感。

至於薯條，我相信應該沒有什麼特殊的技巧。

*法式伯那西醬部分：*將白酒、葡萄酒醋、胡椒、龍艾與紅蔥頭加入鍋中以小火燉煮，不時攪拌並將醬汁收乾成濃稠狀，過濾之後加入粗鹽調味。

轉小火，在鍋中加入兩顆蛋黃，不斷攪拌打發成濃稠的蛋黃醬形式。最後將融化的奶油慢慢倒入醬汁攪拌，並加入20 c.c.水調和均勻。

小叮嚀

- **法式伯那西醬要另外裝在小碟中，不要直接淋在牛排上。**
- **關於紅肉，Bistrot Paul Bert有句名言：「這裡供應的紅肉只有三分熟（bleu）跟五分熟（saignant），要不就是煎到焦！」**

小酒館必備

L'Écailler du Bistrot
——來自海洋的呼喚

一間小酒館的成功通常來自一些「令人驚喜」的因素。有時候是讓人驚豔的乳酪拼盤，有時候是老闆營造的氣氛或服務生的幽默讓這間店顯得與眾不同。在Bistrot Paul Bert裡，則是一股來自大西洋的新鮮海風，讓它在經典以外更帶有自己的獨特風格。當卡朵蕾，也就是老闆歐布瓦諾的太太，決定在隔壁另開一間名為L'Écailler du Bistrot的小酒館時，兩間相鄰的餐館從此注定要不斷為彼此帶來新的想法與激盪。如果說Bistrot Paul Bert標榜歡笑與樂趣，那麼L'Écailler du Bistrot則散發細緻與新鮮的氣息。晚餐時段，光看兩間餐廳截然不同的客人類型便很有趣。L'Écailler du Bistrot並不是那種一本正經走高檔路線的餐廳；相反地，人們可以在那裡找到來自布列塔尼鄉間屬於海邊的寧靜曠遠。但是要知道，處理螃蟹這樣的海產可不是簡單事，需要非常細膩的手法、耐心與超乎常人的集中力。在L'Écailler du Bistrot的餐桌上，存在著一種對味覺的重新認識與思考。不管是比目魚的細緻肉身還是海膽的驚人滑順，都將喚起各種味蕾刺激和不同層次的感官享受。卡朵蕾的成功之處，就在於她懂得利用對味覺的重新體驗，帶領客人和這間餐廳朝向大海出發。

Bistrot Paul Bert與L'Écailler du Bistrot不過一牆之隔。
後者的優勢之一，是卡朵蕾家族從布列塔尼新鮮直送的各種海鮮水產。

HUÎTRES PLATES
DU
BELON
Ets J. Cadoret

L'Écailler du Bistrot

在Bistrot Paul Bert營業了幾年之後，老闆歐布瓦諾和他的太太卡朵蕾（上圖）決定繼續發揚小酒館精神，但是這一次要向海洋的味道挑戰。於是他們挑選了許多來自布列塔尼的古董舊貨，搭配上海洋風格的陶器、木工、飾品和裝潢，融合出一幅細膩優雅的大海風景。成果揭曉，如今兩間小酒館各自擁有自己的忠實客群：L'Écailler du Bistrot的客人們沈穩冷靜，Bistrot Paul Bert的客人則總流露篤定的熱情。

L'ECAILLER DU BISTROT
BRETAGNE NORMANDIE MARENNES
PLATES DU BELON
SPECIALES
UTAH BEACH
FINES DE CLAIRES
PLEINE MER
SPECIALES DE CLAIRES
12 HUîTRES PLATES DU BELON N°5
½ HOMARD "BLEU" AU KARI-GOSSE ET SES FRITES "MAISON"
ÉMINCÉ DE POMMES ET SON CARAMEL AU BEURRE SALÉ, BOULE DE GLACE VANILLE

烤無花果佐大溪地香草冰淇淋

4人份

- 每人4顆無花果共16顆（最好選擇熟透的）
- 100 c.c. 蜂蜜（產地：科西嘉島）
- 25克半鹽奶油

冰淇淋部分：

- 0.5公升全脂牛奶
- 60克糖粉
- 1條香草莢（產地：大溪地）
- 8顆蛋黃

製作方法：

請先參照188頁食譜「漂浮蛋白島」的說明製作出卡士達奶黃醬（crème anglaise）。記得事先將香草莢中的籽刮出，並將香草莢和香草籽泡入熱牛奶中靜置數小時。

製作好的卡士達奶黃醬送入冰箱冷凍，冷凍後倒入冰淇淋攪拌機（如果可以用專業的Pacojet機種更好）製成冰淇淋。

切除無花果的蒂，兩邊各劃上約1公分長的十字形切口。將無花果置於烤盤上，每顆上方放一小塊奶油並淋一小匙蜂蜜，然後送入烤箱，以180°C烤約10分鐘。

選擇稍微有點深度的甜點盤，將烤過的無花果四顆排成正方形，然後在正中央擺上一球香草冰淇淋即可。

焦糖奶油口味可麗餅

約15-20份可麗餅

可麗餅皮部分：

- 250克麵粉
- 50克砂糖
- 4顆雞蛋
- 3克鹽
- 50克奶油，隔水加熱融化成液狀
- 500 c.c. 牛奶

焦糖奶油醬部分：

- 500 c.c. 新鮮柳橙汁
- 12克砂糖
- 60克奶油

提味酒：

- 香橙干邑白蘭地（Grand Marnier）

製作方法

*可麗餅皮部分：*將所有材料倒入一大盆中攪拌均勻，靜置1小時。

以可麗餅專用煎鍋或一般平底鍋，依個人喜好（柔軟或焦脆）小火將麵糊煎成一張張的可麗餅皮。

*焦糖奶油醬部分：*取另一柄鍋，將柳橙汁、砂糖與奶油以小火煮沸收乾成濃稠醬汁。

可麗餅皮對折再對折成一扇形，淋上焦糖奶油醬，然後再淋上香橙干邑白蘭地以點火槍將酒精燃燒揮發。

在Bistrot Paul Bert，
你可以選擇以甜點做為一餐的開始。
這絕對是甜食愛好者的一大福音。

裝潢

美味的背景

關於小酒館，有一種複雜的矛盾心態：菜好吃的話，會讓人瞬間覺得裝潢也賞心悅目起來；相反的如果菜不好吃，其他的一切都會跟著變壞，無論裝潢或服務，都讓人覺得不夠好。這真是一種奇妙的分類法。運氣好時吃到美味的料理，只覺得整間餐廳閃閃發光，到處充滿創意，讓人感動不已。不管是一只冰裂紋花瓶、一座乳白色燈罩，還是人造皮椅墊的磨白質感，都可以觸發心中許多詩情與讚嘆。小酒館的裝潢其實是種氛圍的考古學：不管是一堵古老磚牆、復古海報或懷舊的鐵牌廣告……都會在料理的光環下映照生輝。小酒館的裝潢可以說是老闆個性的延伸，甚至根本像面鏡子似的反映出他的個性。有些老闆喜歡蒐集舊書，有些偏好酒精飲料的海報；有些人喜歡低調的風格，有些人追求粗獷無機質的氣氛。然後我們會發現料理的內容與形式和食材的選擇，多半不會與裝潢風格相去太遠，只要仔細觀察就會發現蛛絲馬跡。從大門到吊燈，從銅盆到織紋桌巾都有脈絡可循。在徹底檢視小酒館裝潢的過程中，我們其實在尋找這個地方原本的面貌。透過老式磁磚的鑲貼方式、天花板的灰泥塗抹手法，還有刮痕累累的原木餐桌與年代久遠的椅子設計，我們像是回到過去和舊時光相遇。

只需要一個角落、一張小桌和一盞燈，就像左圖這張攝於巴黎左岸Le Comptoir的場景，就能在人們腦海留下感動的記憶。有氣氛的裝潢可以促成一次難忘的晚餐約會。

晚餐時分，目光仍然停留在欣賞細節的樂趣。從大門到餐桌器皿呈現出的和諧溫暖，也是一種愉快的視覺饗宴。上圖左、右分別是 Le Verre Volé、Le Gorgeon，下頁則是L'Abordage的裝飾細節。

裝潢是一座建築的自傳，以各種畫面訴説它的生平，像是在和走進來的人們説：「我在這裡，從很久以前就在這裡，穿越了世紀，今後也會繼續存在下去；請你們放心倚靠我的牆、放心坐在我的椅子上、放心披上我的餐巾。」

裝潢不太會説謊。很少看到真正有質感的裝潢卻搭配上讓人質疑的料理。常見的情況是走進一間看起來有模有樣的餐廳，仔細一看卻發現它的裝潢並不自然，是刻意拼湊出的經典質感。這樣反而帶來反效果，讓人覺得整間店的員工臉上掛著盡是虛假的笑容，他們的裝潢東拼西湊，看不到歷史的源頭，更不用問食材產地究竟在哪兒了。真正的小酒館與一方水土無法分割，與所在地域、歷史緊緊相依。真正的小酒館不會把一切剷平，把歷史連根拔起，然後刻意營造出一種風情來吸引客人。正因為如此，人們才會信賴這樣的小酒館以及它的料理。這樣的小酒館以真誠的想法，以重視歷史痕跡與親近在地環境的態度，解開人們的防衛心與拘束感，喚起我們想要大快朵頤的心。在小酒館的裝潢裡能看見舊時足跡、古老標語和往日情懷，這些東西總能撫慰人心，也讓我們胃口大開。

BYRRH
VIN APÉRITIF AU QUINQUINA

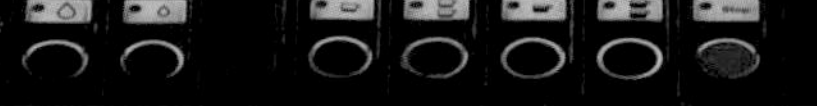
12.08

綠蘆筍沙拉
佐燻培根肉和帕梅善乳酪

4人份

- 2束綠蘆筍
- 1塊熟成的帕梅善乳酪
- 1塊義大利科隆納塔（Colonnata）產燻培根肉
- 西西里島橄欖油
- 胡椒

製作方法

將綠蘆筍稍微削皮，放入滾水中煮熟，取出蘆筍以乾布拭乾。

將溫熱的蘆筍切成適當長度盛盤。

燻培根肉切成極薄的薄片（最好的方式是使用專門切肉片或火腿的機器），薄到可以透光為佳。

將燻培根肉薄片鋪在蘆筍上，再利用削片器將帕梅善乳酪削成薄片灑在上頭。最後在蘆筍淋上一點橄欖油並灑點胡椒調味即可。

四季豆沙拉佐帕梅善乳酪

4人份

- 200克四季豆
- 6顆紅蔥頭
- 100 c.c.希臘或西西里島橄欖油
- 40 c.c.雪莉醋
- 150克熟成的帕梅善乳酪
- 100克肥鴨肝或肥鵝肝 *專供法式料理用
- 20克生松子
- 鹽、胡椒

製作方法

煮一鍋滾水加鹽，將四季豆燙熟。注意不要煮太軟，四季豆的清脆口感是這道菜的關鍵之一。將四季豆撈起後泡在冰水中以保存鮮綠色澤。

準備一個沙拉盆，將橄欖油、雪莉醋、鹽和胡椒攪拌均勻後倒入盆中，再加入四季豆和切絲的紅蔥頭拌勻。

取一柄平底鍋，將松子鋪在鍋中煎約2分鐘，過程需不時攪拌以防燒焦。

將肥鴨肝或肥鵝肝與帕梅善乳酪削成薄片。

將四季豆、松子和半數的帕梅善乳酪拌勻，盛盤時再於四季豆上鋪上鵝肝片和另外一半的帕梅善乳酪。

肥鴨肝或肥鵝肝可以先冰到冷凍庫半小時，等到變硬後比較好切。另外，也可以用削皮刀或削片工具來將其刨片。

*＝審訂者注

彩椒鰩魚凍
佐蒔蘿奶油醬汁

4-6人份

- 5顆紅椒
- 5顆青椒
- 2公斤鰩魚（raie）魚翅部位

高湯部分：

- 0.5公升白葡萄酒
- 0.5公升水
- 1根紅蘿蔔
- 1顆洋蔥
- 1片月桂葉
- 3片韭蔥的蔥葉
- 10克鹽
- 6顆整粒胡椒

肉凍製作材料：

- 6片吉利丁片
- 1湯匙明膠粉

蒔蘿奶油醬汁部分：

- 100 c.c. 濃稠鮮奶油
- 1束蒔蘿（又稱洋茴香）
- 半顆檸檬，榨汁
- 2克鹽
- 2克現磨胡椒

製作方法

將青椒與紅椒沿長邊對切成兩半，去除籽和內膜，再將青椒和紅椒平鋪在烤盤，放入烤箱以170 °C烤20分鐘。等到外皮烤焦後，將烤盤從烤箱中取出，再將青椒和紅椒用鋁箔紙包覆靜置約10分鐘。接著剝除青椒和紅椒的烤焦外皮，過程中盡量保持椒的完整，然後將去皮的青紅椒平鋪在盤子上放入冰箱冷藏。

*簡易高湯部分：*將白葡萄酒、水、切塊的紅蘿蔔、洋蔥、蔥葉、月桂葉、鹽和胡椒倒入鍋中煮沸約10分鐘。

用濾網將所有材料撈出，高湯保持在小滾狀態。

將鰩魚的魚翅放入高湯川燙約3-6分鐘，依魚翅厚度而定，然後以濾網或湯杓小心地將魚翅撈出置於盤上，將魚肉和骨頭分離備用。

*製作肉凍所需的膠質高湯部分：*將高湯過濾後倒回鍋中繼續熬煮收乾至原來的四分之三，然後加入事先以溫水泡軟的吉利丁片和一湯匙明膠粉，並灑上適量的鹽和胡椒調味。

取一個約20公分長用來製作肉凍的容器，底層鋪上一大張保鮮膜，長度至少要超過容器兩倍以上，以便稍後將魚肉派完整包覆。

依照一層青紅椒、一層魚肉的間隔將容器填滿。每鋪一層材料的同時記得淋上一大杓溫熱膠質高湯。

最後用保鮮膜將魚肉凍包覆密封，放入冰箱內冷藏24小時。

*蒔蘿鮮奶油醬汁的部分：*先將蒔蘿切成末，然後與濃稠鮮奶油、檸檬汁、鹽和胡椒在一大碗中攪拌均勻即可。

上菜時，先將魚肉凍小心地從容器中取出，然後將魚肉凍切成厚片盛盤，再於盤中淋上一匙蒔蘿鮮奶油醬汁。

海鮮和葡萄酒的搭配方式一言難盡……這幾十年來有一個不成文的規定：吃海鮮配白酒。只有這麼一點提示。但隨著時間與口味的演進，現在也常看到搭配羅亞爾河谷地吉貝多酒莊（Domaine Guiberteau）所釀造的pineau d'Aunis品種紅葡萄酒，其略帶胡椒的辛辣香氣很適合搭配生蠔食用。另外，也可以試試在Cheverny法定產區的艾維・密勒瑪酒莊（Domaine d'Hervé Villemade）所出產的紅葡萄酒，非常適合搭配青鱈魚佐鮮菇。

小酒館必備

小酒館專屬餐椅

儘管小酒館裡熱鬧擁擠，但坐在椅子上時仍能感到寬綽有餘，這種餐椅有一種挪移得宜的靈巧，一種自在迴旋的氣度。1859年，德國萊茵河畔博帕德小鎮（Boppard-sur-le-Rhin）有位設計師托內特（Michael Thonet），在他的工坊裡創造出今日所用的餐椅原型。這位天才發明家巧妙地將實木彎曲、凹折，設計出改變世界的「第14號餐椅」。其後，整個世界跟隨他的腳步，從小酒館到咖啡廳，競相模仿他的設計來迎接所有貴客的臀部。小酒館所用的木椅設計靈巧，一把抓住便能讓它單腳旋轉。它的用途廣泛，反過來跨坐可以大跳椅子舞，也能疊高堆成一座高塔，有時候遇上打架鬧事同樣十分順手。餐椅可以自由地調整距離，不必要的時候還可以收起來，但固定式的人造皮沙發卡座就顯得有些古板。卡座式的沙發無法搬動，像壁紙般成為固定裝潢的一部份，也無法隨著身材調整間距。雖然知名設計師斯拉維克（Slavik）總愛說，一間餐廳的成功與否決定於沙發卡座是否寬敞。在酒吧的經驗的確告訴我們，來放鬆一下的客人最後往往整個倒在沙發上，但這事在椅子上絕對做不出來。總之，木椅才是真正受歡迎的小酒館簡約風格，而非卡座式沙發或常可在一些做作餐廳常看到的浮誇餐椅。除了木椅之外，托內特的餐椅設計還包括了露天座位常見的藤椅。

看看這張椅子，筆挺地站在那兒像是敞開肩膀等著陪你度過美好的夜晚。
一把輕巧、曲度服貼的椅子，就像一個溫柔的擁抱、一段分享時光的承諾。
拉開椅子，一段小酒館的美好時光就此展開。

DEJEUNER
DINER

VINS
de
PROPRIETE
FROMAGES
&
DESSERTS
LE COMPTOIR
du
RELAIS
PETIT PLAT
MAISON
CHARCUTERIE
&
TERROIR

Le Comptoir

位在巴黎奧戴翁廣場(place de l'Odéon)不遠處的Le Comptoir，如今已經變成小酒館餐飲界的傳說地標。不光只是主廚Yves Camdeborde才華洋溢又親切，更是因為這間餐廳完全符合小酒館的根本精神，從晚餐的招牌菜單，到週末的下酒菜單和午間的特餐。每次經過此地都能看到坐得滿滿的客人，還有人行道上一條長長的人龍……(146-149頁)

~ Entrée du jour ~
~ Plat du jour ~
~ Dessert du jour ~
*CHEESE CAKE, MARMELADE POIRE, GLACE
*FAISSELLE BEARNAISE, PATE DE COING 5€

香提依鮮奶油皇冠萊姆酒漬蛋糕

10-12人份，依烤模大小而定

- 250克麵粉
- 25克糖粉
- 4克鹽
- 16克酵母
- 1250 c.c.牛奶
- 1顆全蛋
- 100克奶油，煮焦成為棕色奶油（beurre noisette）

萊姆糖漿部分：

- 1公升水
- 500克砂糖
- 1顆柳橙
- 1顆綠檸檬
- 1根香草莢
- 200 c.c.萊姆酒

香提依鮮奶油（crème Chantilly）部分：

- 250 c.c.鮮奶油
- 25克砂糖
- 一小撮香草籽

製作方法

前一天先製作蛋糕體。

取一個大盆，在裡頭倒入麵粉、砂糖和鹽，再加入雞蛋和奶油。

取另一個容器，倒入牛奶然後將酵母倒入溶解。

將牛奶倒入裝有麵粉的大盆中攪拌均勻，然後放在靠近熱源的地方（例如暖氣），靜置約20分鐘讓麵團發酵。

將麵團倒入蛋糕專用烤模，放入烤箱以170 °C烤20分鐘。

取出烤箱將蛋糕倒模，將蛋糕放置在室溫下24小時使蛋糕乾燥。

*萊姆酒糖漿部分：*將水、萊姆酒、砂糖、切塊的柳橙、剖開的香草莢和檸檬皮倒入小鍋中煮沸約10分鐘。

將煮滾的糖漿淋到蛋糕體，然後再淋上一小杯的萊姆酒。

所謂的「皇冠」，就是在蛋糕中央擠上香提依打發鮮奶油做為裝飾。將鮮奶油、砂糖與香草籽利用電動打蛋器一起打發，然後舀上一大匙擺在蛋糕中央上方即可。（*參照下頁圖片*）

萊姆酒漬蛋糕的關鍵在於萊姆酒比例的拿捏。酒太多、味道太重會破壞糖漿的甜度，酒太少則甜味會蓋過酒香。糖漿決定了蛋糕的均衡，不可太濃厚也不可以太清淡。我們大方地跟讀者分享自家深受老饕喜愛的酒漬蛋糕配方，希望大家喜歡。香提依打發鮮奶油加上香草莢、綠檸檬、砂糖和萊姆酒，這是一道屬於大人的成熟甜點。

製作銀湯匙的模具（Le Comptoir的擺飾）

客人

難以捉摸的演員

一間沒有客人的小酒館會是什麼樣子？大概就像沒有歌詞的民謠，沒有配樂的電影一樣寂寞。客人是餐廳最直接也最具有説服力的指標。客人來了，廚房才能算是真正啟動。客人多了，才是對廚房最大的鼓舞。一間餐廳若是看不到任何客人，那可真是悲慘。你將看到主廚鬱鬱寡歡，老闆焦躁不安，食材任其敗壞，貸款銀行急得跳腳……

某種程度上，我們可以理解為什麼有些知識份子提倡要把美食料理列為人類的精神世界遺產。但是我們不難想像，他們倡議時必然會對美食料理的某項必備要素輕輕帶過，避免深入討論，那就是這門藝術中最難預測的環節：客人。偉大的法國盛產各種稀奇古怪的客人，除非以觀光客的形式出口，不然這種易燃易爆的特產很難外銷到世界其他地方。

我們並沒有過份誇張。只要站在小酒館門口五分鐘，或是走到吧檯前稍微觀察一下，就可以知道真正的情況有多嚴重。客人有時擺出一張臭臉，有時愁眉苦臉，甚至有時臉上的表情變化多端到難以預測。鮮少有客人進到餐廳的時候，是帶著喜悦和愉快的心情，若能遇到如此完美的情境，會讓工作人員有種已經完成開胃工作的錯覺，絲毫沒有我們用武之地。

老闆和整間小酒館團隊的工作，就是想辦法讓不太開心的客人放鬆情緒，讓他們冷靜下來相信我們，然後開心地點餐。不管客人想要換位置、換椅子，還是要餐巾、鹽、胡椒或是換前菜……通通沒有問題。客人的要求沒有不可以的。儘管有時候客人會點不要焦糖的焦糖烤布蕾，或是不要薯條的牛排薯條特餐，和不要麵包但生菜得加量的三明治。有人不喜歡美乃滋，有人不愛培根。但這一切都沒有關係，只要擁有堅忍不拔的意志跟一顆熱愛餐飲事業的心，你會發現法國客人有多麼與眾不同，光憑這點就值得接待他們了。除了客人基本上永遠是對的這項原則之外，還有一件事需要注意，就是請把他們當成國王一樣對待。

客人一來到餐廳，氣氛頓時活躍起來。客人以各自的方式帶來各形各色的活力，就像上圖看到的，從左至右分別是Quedubon、Le Gorgeon，與座落在巴黎20區擁有三十個座位的家庭式小酒館Le Baratin的實景。

說白一點，服務生的耐心往往比不上老闆，是有限度的。今晚的生意是否順利，可能只取決於一位客人的態度。某個為了一點小事情就惱羞成怒、大呼小叫的客人，很容易便能搞砸整間餐廳的氣氛。這就是為什麼小酒館老闆跟員工總是要多方觀察客人的一舉一動，像是伺候國王，也像是燒開水般，必須時時留意。沒有耐心的客人、愛抱怨的客人或根本就是來找麻煩的客人，會讓人很快失去耐心，覺得和他溝通只是浪費生命。因此身為小酒館老闆都應懂得如何圓場、如何安撫客人的情緒，可以說是首要的看家本領。但光是這樣仍然不夠，小酒館還必須提供可以私密用餐、不受打擾的位置。這般隱密的座位可以服務情侶，也可以方便讓低調、不喜打擾的客人用餐。熱戀中的情侶來到小酒館，喜歡在位子上窸窸窣窣動個不停，他們往往把桌巾當作床單，把麵包當做枕頭一樣旁若無人。另一種客人則是希望自己彷彿不存在，敏感的神經有時就像一把切肉刀般銳利，碰觸不得。這兩種類型都需要一張與其他客人隔得遠遠的位子，最好遠到西伯利亞去。如果一言不合鬧翻了，或是小倆口的熱情已經踰越社會善良風俗，這時候老闆就該出面調解，緩和一下氣氛，或是讓他們到比較適合的地方去處裡個人問題。不過請放心，並不是所有客人都這麼難伺候，這世界上還是有令人感到欣慰的客人。有些客人大老遠趕來，把行李寄放在下榻旅館後便風塵僕僕地來到小酒館，展開他們的巴黎美食初體驗。這時候整個世界彷彿又突然變得明亮起來，小酒館終於可以停止扮演情緒保健中心的角色，恢復本來的好客天性，再現歡愉好時光。

VINS BLANCS
Benoit Courault.
AOC Bourgogne 2007.
Julien Altaber
AOC Côtes du Rhône Vieilles Vignes 2009
Mathieux Dumarcher
Vin Grec (Kefalonia) 2006
S. Sclavos
AOC Côtes du Rousillon Villages 2008
DROIT DE BOUCHON
+7€ / BOUTEILLE
+14€ / MAGNUM
CAFÉ 2€
PLAT du JOUR
Panais Rôtis
17€
SUGGESTIONS D'ENTRÉES
SOUL FUNK
by
Soul Bag

LE

乳豬頭肉凍

4-6人份

・4顆乳豬的豬頭，尺寸較小為佳
・5公升水
・450克亞硝酸鹽（sel nitrité）
・50克糖粉

香料部分：
・2根紅蘿蔔
・2顆洋蔥
・2顆丁香
・1片韭蔥的蔥葉
・1根芹菜
・3片月桂葉
・3支百里香
・5顆整粒胡椒
・3隻小牛牛腳

高湯部分：
・200c.c.醋
・2瓣大蒜
・8顆紅蔥頭
・1束西洋香菜
・1束龍艾

製作方法

首先準備醃肉要用的鹽滷，將亞硝酸鹽和糖攪拌融入5公升的清水中。
將乳豬頭泡在鹽滷中24小時，然後取出以清水沖洗外表。將乳豬頭放入高湯鍋中，加入香料和水至淹過乳豬頭，以小火慢燉約2.5小時。乳豬頭燉熟後，取一柄小刀將豬頭肉不論肥或瘦全都割下，放置於另外的容器中保存。取一半的高湯倒出過濾，然後放回鍋中熬煮收乾至原有的四分之一。加入適量的鹽和胡椒調味。
將紅蔥頭切絲、大蒜切末，然後放入大碗中或湯鍋中。取一柄小鍋將醋煮滾然後淋在紅蔥頭絲和蒜末上，再加入切成末的西洋香菜和龍艾。
收乾後的高湯和事先取下的豬頭肉一起倒入，與醋和香料攪拌均勻。取一個長方形製作肉凍的容器，將豬頭肉與高湯倒入，然後將容器置於冰箱中冷藏24小時。
為了讓肉凍口感一致，盡量將肥肉、瘦肉和軟骨部位均勻鋪在容器中。這個肉凍可搭配以醋、黃芥末和龍艾為基底的沙拉醬，或是以甜酒糟和黃芥末為基底的沾醬一起享用。

這是道地的下酒菜。想像一下坐在小酒館裡，一夥人高舉酒杯分享這道菜的情景。乳豬頭肉凍又被我們稱做「餐前乳酪」（一般乳酪都是餐後送上），和美乃滋水煮蛋、鯡魚馬鈴薯沙拉和涼拌豬頭肉，同為小酒館料理的基本前菜。

法式小牛胸腺蝸牛千層盒酥

4人份

・千層油酥派皮（Pâte feuilletée，最簡單的方式就是向家裡附近的麵包店購買現成的派皮，方便又美味！）

小牛胸腺和蝸牛內餡部分：

・20隻蝸牛
・150克小牛胸腺
・6顆白磨菇，切片
・2顆紅蔥頭，切絲
・50 c.c.白葡萄酒
・100 c.c.濃稠鮮奶油
・鹽、胡椒和肉豆蔻

製作方法

*千層酥皮部分：*將千層油酥麵團放在一塊烤盤中擀開，將擀開後的麵團切成每邊長5公分的正方形厚片。取半數的正方形麵團，在正中間切出邊長3公分的正方形，分開保存大正方形邊框和中央的小正方形麵皮。取一柄小刷子沾水當作黏著劑，塗在實心大正方形厚片麵皮上，然後將正方形邊框一層一層黏上去。將做好的正方盒狀麵團放入冰箱冷藏保存。

烤箱預熱220˚C。

將盒狀麵團放入烤箱之前，取一顆蛋黃與一湯匙清水攪拌均勻，然後用小刷子塗刷在麵團表面。盒狀麵團放入烤箱烤約20分鐘，出爐時會呈現漂亮金黃色但不會焦黑。

*內餡填料部分：*取一柄炒鍋或平底鍋，先以小火拌炒切絲的紅蔥頭約5分鐘，然後再加入切片磨菇和小牛胸腺拌炒。倒入白酒將鍋底精華溶出，然後加入鮮奶油和蝸牛小火慢煮約5分鐘。加入鹽與胡椒調味，另外加入少許現磨的肉豆蔻粉。

將內餡分別舀到剛出爐的酥皮盒子內，然後搭配上一點生菜沙拉點綴即可。

這道改良過的洛林料理，讓我們想起老祖母年代的鹹點「一口酥」（bouchée à la reine），在瑞士、比利時和加拿大則稱為vol-au-vent。這道菜巧妙地將各種內臟、牛雜、豬雜或雞雜化為美味的小點心。

TABLE N° 8
COUVERTS 2
1 ASPERGE
1 SEICHES
1 COCHON
1 P.A.F

TABLE N° 20 BIS
COUVERTS 1
1 Asperge
1 Veau

TABLE N° 9
COUVERTS 4
3 cochon

TABLE N°
COUVERTS 2
48
1 oeuf
1 gigot
pigeon

TABLE N° 15
COUVERTS 2
49
1 gigot (AP)
Bien cuit
2 Baba

TABLE N°
COUVERTS
4
1 Gigot
1 Saumon.

TABLE N°
COUVERTS
4
2 Gigot
2 Macaron

小酒館必備

天底下沒有十全十美的餐館

牛排烤得不夠熟、甜點塔皮不夠扎實、生蠔有怪味，客人就像所有頂尖的美食評論家一樣會給予餐點嚴苛的批評。肉凍裡頭有一片塑膠紙、生菜沒沖乾淨夾著一粒沙、獵來的野味裡頭藏了顆彈殼……有時候，就算是在最好的餐廳裡也會被這些突如其來的狀況嚇一大跳。又或者，一隻小老鼠從椅子下溜過，一隻蜜蜂在草莓塔上飛來飛去不肯離開……千萬別以為小酒館料理的世界完美無缺。小酒館就像人生一樣也充滿了不完美。雖然說大部分的時候仍然是瑕不掩瑜，但是我在要這裡替你澆上一盆冷水，不是要幫你受洗，而是要提醒你不管是怎麼樣的小酒館，一年至少要上150,000道菜，相當於100,000小時的工作時間，並且服務至少40,000組客人……簡單的數學機率告訴我們或早或晚你都難免遇上一點小狀況。這其實並不是件多麼不堪或遺憾的事情，只是有時候難以避免而已。所以萬一下次遇到雞肉燉太久整個散掉，或是你點的生魚料理從盤子跳出來的時候，請多給這個世界一點包容，畢竟在你心情不好的時候，在你忘記帶錢包的時候，或是在你忘記取消預約放店家鴿子的時候，小酒館也是很寬容的……

注意了，點餐備菜是小酒館的基本流程。
在Bistrot Paul Bert，這代表了今晚的曲目演奏順序。

Blanc...
Beaume 1ier cru, les coucherias, J.C Rateau 2002 66€
Rouges...
Château Puech-haut tête de Bélier, 2006 49€
Côte-Rôtie, Domaine Clusel-Roch 2004 84€
Achius, les Aphillantes 2002 54€
St Julien, Léoville Poyferré 2nd cru classé 2006 122€

Le Grand Pan

這間餐廳帶著鄉下獨有的好客氣息（164-167頁）：敞開的大門直直面對路口，不像其他餐廳刻意低調或躲藏在巷弄之中。在這裡你會受到熱情的歡迎，一座精緻包銅的寬敞吧檯在面前呼喚著你。檯上擺著報紙，牆面掛著日曆和橄欖球隊的旗幟，親切的感覺像是在家，彷彿某個角落還可以搜得到電費帳單。由主廚Benoit Gauthier一手包辦料理的Le Grand Pan給人一種沈穩親切的風格。客人的餐桌佔據了主廳的最佳位置，餐桌與餐椅都展現完美的鄉村風格。第一次來的客人，一定會對餐廳員工的親切與微笑印象深刻，畢竟這是巴黎少有的特產。這裡的料理絕對物超所值，尤其是肉類料理展現出驚人的深度與種類變化，像是採用法國西南部莫萊翁（Mauléon）所產的金黃肉牛（bœuf blonde d'Aquitaine），以鐵板炙燒的方式做成牛小排，或是用同樣產自西南部的伊巴納豬肉（porc Ibaïona）所做的烤豬肋排，還有美味的乳鴿料理可以選擇。

沙勞越黑胡椒牛排

4人份

- 4片厚切牛排肉，每塊約250克
- 100 c.c.白蘭地
- 400 c.c.濃稠鮮奶油
- 25克馬來西亞沙勞越（Sarawak）所產的整粒黑胡椒
- 75克奶油
- 鹽

製作方法

整粒黑胡椒放到搗缽或石臼中搗碎，牛排肉沾滿胡椒碎末。

取一柄平底鍋，放入奶油熱鍋，待奶油起泡後將牛排放入快速將兩面煎過。灑上適當的鹽調味，倒入白蘭地溶出鍋底精華，然後以點火器燒去多餘酒精。加入鮮奶油燉煮，直到牛排呈現出想要的熟度後，再將牛排取出保溫。最後將鍋中鮮奶油收乾成醬汁。

烤乳鴿佐奶油燉甘藍菜

4人份

- 4隻乳鴿，每隻約500克
- 3顆洋蔥
- 100 c.c.白葡萄酒
- 鹽和現磨胡椒
- 1顆甘藍菜
- 50克煙燻培根肉
- 350克奶油

製作方法

請鴿販幫忙去除鴿子的羽毛和內臟，但是保留肝臟和心臟部位。

先從奶油燉甘藍菜做起：將甘藍菜和2顆洋蔥切成絲，放入平底鍋中以300克的奶油拌炒，然後加入培根肉蓋上鍋蓋以小火慢燉約30-40分鐘，直到甘藍菜軟爛為止。

取一個大鑄鐵鍋，放入50克奶油熱鍋。奶油呈現金黃色後，加入鴿子的肝臟、心臟以及一顆切絲的洋蔥，拌炒約3分鐘後將材料全數撈出。

將乳鴿抹上適量的鹽與胡椒，然後放到同一個鑄鐵鍋中。直接將鑄鐵鍋送入烤箱以180 °C烤約15分鐘。依個人喜好的熟度不同調整烤箱時間。我個人喜歡五分熟的乳鴿，這樣需要再將時間縮短一些。

取出乳鴿保溫，將鑄鐵鍋放回火源上加熱，倒入白酒溶出鍋底精華，然後將高湯收乾至原來的三分之二。

粗略地將之前所炒的肝臟和鴿心切碎，倒回鑄鐵鍋中與收乾的高湯拌勻。加入適量的鹽和胡椒調味。

盛盤時，將奶油燉甘藍菜鋪在盤中央，上頭擺一隻烤乳鴿，最後淋上高湯和一些鴿雜即可。

用餐的時候，拿把牛排刀將乳鴿的肉從骨架上一片一片割下來吃，就像分切烤雞一樣。如果你覺得鴿肉太生，可以再回鍋煎個2-3分鐘。在家做這道菜時，吃完的鴿子骨架不要浪費，可以做成高湯另外使用。取一湯鍋，倒入一公升的清水，然後加入鴿子骨架、一小束香料（百里香、迷迭香、月桂葉）、鹽和胡椒，小火慢煮20分鐘。然後取出骨架，再把高湯過濾後熬煮收乾至原來的二分之一。此時重新放入一束香草，加入幾塊新鮮肥鵝肥鴨肝燉煮，即可變成另一道美味的開胃前菜。

SPECIAL

FILET DE BOEUF
AU POIVRE
34€

accompagné de frites maison
et salade verte

servi bleu, saignant, ou mal cuit!!

翻轉蘋果塔

4-6人份

- 1個直徑20公分的烤模
- 1公斤青蘋果

焦糖部分：

- 120 c.c. 水
- 100克奶油
- 50克砂糖

油酥麵團（pâte brisée）部分：

- 250克麵粉
- 50克細白砂糖
- 4克鹽
- 250克奶油，隔水加熱融化成液狀

製作方法

蘋果削皮去籽，切成四半。

將製作焦糖所需的材料通通倒入一小鍋中，攪拌均勻以中火煮至呈現焦糖色澤為止。

將焦糖醬倒入烤模底部，將蘋果以小火水煮10分鐘，再將煮過的蘋果以直立的方式鋪滿烤模。烤模送入烤箱以180°C烤15分鐘，然後取出放涼。

*油酥麵團部分：*將細白砂糖、麵粉和鹽拌勻，倒入融化的熱奶油揉成一塊麵團。

將麵團擀成一塊直徑30公分的圓形麵皮，鋪在焦糖蘋果上方，像蓋棉被一樣。將烤模再度送入烤箱，以200°C烤10分鐘即可。

老祖母經典巧克力蛋糕

6人份

- 1個直徑20公分的烤模，高度約5公分
- 250克特黑苦巧克力
- 200克奶油
- 250克糖粉
- 4顆全蛋

製作方法

巧克力與奶油擺在一大碗中，以隔水加熱的方式融化成液狀。

雞蛋與糖粉打至發白起泡，然後混入巧克力奶油攪拌均勻。

在烤模內圈抹上奶油，然後倒入攪拌均勻的巧克力餡料。

送入烤箱以180°C烤40分鐘，取出後放涼，然後倒模即可。

Le Repaire de Cartouche

這間座落於巴黎Filles-du-Calvaire大道上的餐廳擁有兩個入口和兩間風格十分不同的大廳，但是主廚Rodolphe Paquin所製作的精緻料理可沒有偏心。再加上他們精挑細選的漂亮酒單，你可以相信它是巴黎最好的小酒館之一。

ROUGE
Côtes du Rhône
"La sagesse" 2009
Dom. Gramenon
La bouteille : 38 €
le pichet 50 cl : 26 €
Le verre : 7 €
ROUGES
1ère COTES DE BLAYE
Chateau le queyroux 2009
LE PICHET 50cl : 18E 25E
LE VERRE 12cL : 5E
BOURGUEIL 2009
"NUIT D'IVRESSE"
P. et C. BRETON 40E
le pichet 50 cL : 26E
le verre 12cL : 8E

氛圍

小酒館配樂：愉快的談笑與團聚的喧囂

餐廳的氛圍是一種微妙難以形容的東西，好比電影原聲帶。在晚餐時段開始的剎那，有如導演般的店經理很可能會喊：「噓，開始收音！」然後逐步帶出餐廳的各種音效與氣氛，交織成屬於這裡的音樂。突如其來的驚呼、爽朗的對談、宏亮的笑聲，好比在酒吧一樣。再加上人與人之間的對話，刀叉餐盤碰撞的聲響，服務生的賣弄或與客人間的玩笑話，這一切的一切混合釀造出屬於餐館的整體氛圍。有些餐廳的原聲帶時髦又現代，裡頭有清脆的人聲、窸窣的耳語、高跟鞋踏在木板上的聲響，和一些像是綢緞摩挲、禽鳥振翅或絹紙沙沙般的聲響。這類餐廳的氣氛高雅，待在裡頭就像在聆聽一場寧靜微醺的協奏曲。也有一種餐廳，溫暖而靜謐，像是壁爐中靜靜燃燒的柴火霹啪聲響、遠方的雷鳴與日子靜靜流過的氣息。置身其中充滿了讓人舒心的步調與聲音：盛舀醬汁的湯匙輕敲，鄰座客人或許清了清嗓子，啵的一聲軟木塞拔出，咖啡杯裡頭小湯匙不停旋轉攪拌……有如電影的慢動作鏡頭，如斯靜好的甜美生活。

而小酒館的氣氛則比一般餐廳更多些直爽快意的風格。在用餐時段開始之前，整間餐館可說是靜悄悄的，就像是暴風雨前的寧靜。隨著演員們逐一登台上門，一場無法事先排練的即興演奏就此展開。

首先登場的當然是交談的音浪（逐漸擴大、平息，再度喧揚，然後分成各種音色階層），接著服務生登場，咬字清晰的提問，拉高音量複述點

冬天的露天座位像是吸煙客的避難所，一群人裹得緊緊地湊在一起抽菸，像極了枝頭上瑟縮的麻雀。等春天一到，露天座位搖身一變成為陽光與假期的象徵，人們坐在這裡抽煙曬太陽，一股股自由自在的暖風吹來，生命多麼美好…

怎樣才算是一間成功的小酒館？也許我們可以從Bistrot Paul Bert的訂位簿中滿滿的名字窺見一二。許多客人大老遠跑來感受這裡的歡樂氣氛，體會這種微妙的情感化學作用。但是要注意，這樣的歡樂氣氛很容易被一頓壞脾氣給破壞，或是被一道乏味的菜徹底打破……

單，然後再移到另一桌客人前重新招呼。服務生連忙送上刀叉、餐盤、開胃飲料、小菜，杯盤刀叉敲擊的聲音開始此起彼落。再加上地板、磁磚到鏡子迴盪著的交談聲與用餐的各種聲音，形成了一種專屬於小酒館的特殊配樂。快速上菜是小酒館的註冊商標，如何謹慎精確地在最短的時間內做出最好的作品是一大學問。萬一有道菜出得太慢，馬上就會聽到客人暴躁大喊「服務生」，彷彿要拍桌子一樣。如果聽到這種暴跳如雷的叫聲，那可要當心了，肯定有什麼事情發生！有時候，有些客人談笑的聲音比較大，特別是來自某些國家的客人，他們的口音獨特嗓門也獨特。雖然只隔著一張桌子在聊天，用的音量卻彷彿中間的距離不是一張桌子而是一塊田。但是也沒關係，這是在小酒館必然見到的情景之一。如果沒那麼喧鬧的話，又怎能稱得上是間好的小酒館呢？正因為好的小酒館人人喜歡，所以變得人聲沸騰也是自然的結果！總而言之，若想要真正分辨出好的小酒館跟裝模作樣的小酒館，有個方法絕對錯不了：真正的小酒館不會放音樂掩蓋談笑聲，因為自然而然的喧鬧氣氛正是小酒館的活力招牌，愉快的談笑加上團聚的喧囂絕對是小酒館最棒的原聲配樂。

橄欖油漬紅椒鯷魚

4人份

・600克新鮮鯷魚
・5顆紅椒
・200 c.c.橄欖油
・10克艾司帕雷辣椒（piment d'Espelette）
・鹽和現磨胡椒

製作方法

紅椒沿長邊對切成兩半，然後去籽。
將對切處理乾淨的紅椒鋪在烤盤上，送入烤箱以180°C烤約20分鐘。
取出烤箱後，把紅椒包在鋁箔紙內靜置5分鐘，以便將剝除外皮。
剝除外皮的紅椒切成2公分寬的長條，灑上適量的鹽和胡椒調味，然後放入一容器內，倒入橄欖油醃漬。將泡有紅椒的容器放入冰箱冷藏一晚。
用刀將鯷魚肉從中剖成兩片，取出中間的魚骨頭，灑上適量的鹽、胡椒和艾司帕雷辣椒醃漬，然後放入冰箱冷藏一晚。
將冷藏的紅椒與鯷魚肉取出盛盤，以一片魚肉一片紅椒的方式平鋪在盤子上，然後淋上高品質的橄欖油。
這道開胃菜可以搭配烤麵包片佐黑橄欖抹醬一起享用。

新鮮的鯷魚，不管是生吃、醃過還是炸來吃，都非常適合搭配黑橄欖或綠橄欖以及一杯干型（不甜）白葡萄酒當成開胃菜！鯷魚這種迴游魚類，從地中海東部到大西洋沿岸都可以捕獲。在南法科利烏爾（Collioure）一帶，正因為鯷魚加工業的興盛而繁榮。在歷史上，法國和西班牙也因為鯷魚限捕的問題時有衝突。別小看這一條條銀皮泛著藍光的小魚，它不曉得吸引了多少人的渴望和熱情呢！

LE BISTROT

APÉRITIFS
CIDRE DU PÈRE JULES 15 (75cl)
ABSINTHE PONTARLIER (4cl) 5
BIÈRE ARTISANALE LA CHOULETTE 4 (33cl)
CERDON, BUGEY. PÉTILLANT MÉTHODE ANCESTRALE 5 (12,5cl) 25 (75cl)
CHAMPAGNE
DRAPPIER BRUT NATURE 8 (9cl) 48 (75cl)
EAUX DE VIE
JOSEPH BINNER : POIRE, FRAMBOISE ...
COGNAC GRANDE CHAMPAGNE P. GIRAUD
ARMAGNAC TENAREZE DE LADEVEZE (1996) 6 (4cl)
CALVADOS LE PÈRE JULES 20 ANS
SODAS 25cl - 3
THÉS 3,5
ARLETTY, JEAN-LOUIS BARRAULT, PIERRE BRASSEUR, PIERRE RENOIR
UN FILM DE
MARCEL CARNE
LES ENFANTS DU PARADIS
SCENARIO ET DIALOGUES DE JACQUES PREVERT
LOUIS SALOU, MARIA CASARÈS
MARCEL HERRAND
LE BOULEVARD DU CRIME

刀切韃靼生牛肉

4 人份

- 每人份 250 克菲力牛肉（腰內肉），盡量選瘦肉為佳
- 2 顆長形紅蔥頭（échalote grise）
- 2 顆蛋黃
- 1 茶匙法式芥末
- 25 克鹽漬酸豆
- 1 束西洋香菜
- 半茶匙塔巴斯科辣椒醬（Tabasco）
- 1 杓橄欖油

製作方法

牛肉切成約 0.5 公分長寬的立方體。

蛋黃、法式芥末、切成末的西洋香菜、酸豆、切成末的紅蔥頭、橄欖油和塔巴斯科辣椒醬攪拌均勻，將牛肉方塊放入與醬汁拌勻，再灑上適量的鹽與胡椒調味。

取一個圓形模具置於盤子中央，將牛肉填入輕壓成圓餅形狀即可盛盤。

- **牛肉切塊的大小很重要，不能太大塊也不能太細，這會決定生牛肉的綿密口感與質地。**
- **在攪拌和壓成圓餅形狀的時候，動作一定要輕，不可以太大力以免破壞牛肉纖維。**
- **牛肉品質的選擇很重要，一定要選擇可以生吃的高品質菲力牛肉。**

海藻風味奶油香煎小螯蝦

4 人份

- 600 克小螯蝦（langoustine），選擇新鮮活蝦
- 160 克海藻風味奶油（beurre d'algue）

製作方法

取一柄平底鍋或炒鍋，放入海藻風味奶油熱鍋，直到奶油起泡為止

然後將小螯蝦放入兩面各煎約 1 分鐘即可。

將螯蝦取出盛盤，稍微裝飾擺盤後即可上菜。

烤腹肉牛排
佐紅蔥頭牛骨髓與炒馬鈴薯

4人份

- 4塊牛腹內的膈柱肉（onglet），每份約200到250克
- 10顆紅蔥頭
- 4段牛大骨
- 90克半鹽奶油
- 現磨胡椒
- 800克馬鈴薯
- 2瓣大蒜
- 西洋香菜

製作方法

將牛大骨送入烤箱，以160°C烤15分鐘。

將馬鈴薯切成比零食洋芋片略厚一些的薄片，然後放入平底鍋內以70克的奶油煎熟，再加入搗碎的大蒜和西洋香菜末添增香氣。

取另一柄鍋，加入切成絲的紅蔥頭和20克的奶油，拌炒至呈現金黃色。

牛腹肉的部分，採一般牛排烤法即可。但要注意牛腹肉指的是隔膜一帶的柱狀肌肉，纖維較長，不宜高溫煎烤以免纖維快速收縮失去柔嫩口感。

牛腹肉依照想要的熟度烤熟後，將骨髓從牛大骨中小心取出，切成1公分厚的厚片。

牛排盛盤，然後在上頭鋪上3-4片的骨髓和炒過的紅蔥頭，再搭配煎馬鈴薯做為配菜。

- **如果想要將馬鈴薯煎成漂亮的金黃色，秘訣在於切片後的馬鈴薯千萬別再碰水，以免沖掉澱粉質導致煎出來顏色不夠漂亮。**
- **牛腹肉是牛腹內部靠近隔膜一帶的柱狀肌肉，纖維長、味道濃郁，在法國會被歸類到牛雜一類。因此要去專賣牛雜的肉舖才能買到。這種肉的料理時間不宜過長，否則肌肉纖維容易收縮，因此失去柔嫩質地與肉汁。這道經典的小酒館菜色十分適合位於隆河坡地的葛哈門儂酒莊（Domaine Gramenon）所出產的2008年「La Sagesse」紅葡萄酒。**

Philou

*Philippe Damas*過去是*Le Square Trousseau*的老闆，如今在巴黎第10區距離聖馬丁運河(*canal Saint-Martin*)不遠處開了這間*Philou*。他是真正的小酒館愛好者，如今在此處再一次地證明他的小酒館精神。真誠的待客之道、讓人愉快的裝潢與氣氛，還有永遠那麼美味的特餐菜單，包括：法式玉米湯、無花果香煎鵝肝、鄉村烤雞、雞油蕈馬鈴薯，還有香煎鰈魚佐朝鮮薊(*tronçon de carrelet aux artichauts*)……才看一眼本日特餐菜單，就已讓人迫不急待想要吃遍這裡的所有菜色。

小酒館必備

甜點——畫龍點睛的滋味

常常看到許多小酒館巧妙地避開關於甜點的問題，因為這不是他們擅長的領域。他們只想在鹹味料理的世界裡作戰，靠著拿手的肉凍、牛排或燉菜取勝。況且在吃完開胃前菜、主菜和餐後乳酪拼盤後，胃口通常已經所剩無幾。因此甜點對於他們而言只是負擔，沒有太多意義。在晚餐時光近尾聲的時刻，酒也喝得差不多了，往往甜點就草草帶過，真的很可惜，因為甜點是一間餐廳向客人展現誠意與慷慨的表達方式。既使只是一份簡單的本日甜塔，只要用心製作同樣也可以媲美精緻的料理。那麼，怎麼樣才能稱得上是充滿誠意與慷慨的甜點呢？道地的蘭姆酒漬蛋糕、杏仁榛果奶油夾心泡芙、新鮮草莓佐香提伊打發鮮奶油，或者是濃醇的巧克力慕斯、焦糖鮮奶油泡芙（saint-honoré）……看看這樣的選擇，是不是幫你喚起許多甜蜜香滑的記憶？甜點的任務，或許有一部份正是要讓你忘記剛才吃過的主餐，讓你覺得那似乎是很久以前的事，然後以讓人幸福的方式，而不是減肥餐點令人興趣缺缺的模樣，向你展現出甜蜜的光輝。在餐桌上的幸福時刻，往往就是這些從光陰裡偷來的片刻放縱，彷彿生命中一道美麗的缺口。

當甜點送上桌時，看似填平的胃口經常會再度雀躍起來，都是這些甜蜜又折磨人的小東西所帶來的魔法。
左圖是波爾多名產「可麗露」（cannelé）。

大溪地香草口味
漂浮蛋白島

6人份

卡士達奶黃醬部分：
- 1公升全脂鮮奶
- 150克糖粉
- 18顆蛋黃
- 1支香草莢（產地：大溪地）

焦糖部分：
- 50克砂糖
- 100 c.c.水

蛋白霜部分：
- 蛋白
- 糖粉
- 1小撮鹽

裝飾部分：
- 粉紅色榛果粉

製作方法

*卡士達奶黃醬部分：*先取一柄小鍋將牛奶煮沸，再將香草莢剖開，取出香草籽加入到牛奶中。

取一個大碗或鍋子將蛋黃與糖粉倒入，攪拌均勻，將煮沸的牛奶倒入蛋黃大碗中，以橡皮刮刀攪拌均勻。

混合均勻的卡士達奶黃醬倒回小鍋中，轉小火煮至濃稠，收乾過程中需不斷攪拌以免鍋底燒焦。奶黃醬煮至濃稠後，將小鍋迅速泡入裝有冰塊和冷水的容器內，盡快降低使奶黃醬的溫度。

*焦糖部分：*將砂糖與水倒入一小鍋中，然後煮至呈現漂亮的焦糖色即可。

*蛋白霜部分：*將蛋白與鹽巴倒入盆中，用電動打蛋器打發。當蛋白開始膨脹時，陸續倒入砂糖一起打發。

在烤盤上淋上一層焦糖做為底座，當蛋白打發為凝結固態時，用大湯杓將蛋白霜一塊塊挖出放在焦糖上，然後將裝載蛋白霜的烤盤送入烤箱，以180 °C烤10分鐘。

以小碗或深盤子盛裝，先舀上5匙的卡士達奶黃醬，然後在中央放上一塊帶有焦糖殼的蛋白霜，最後灑上一些製作甜點用的粉紅色榛果粉即可。

這道甜點感覺相當簡單，只要買幾支香草莢和一點現成的粉紅色榛果粉就好。但事實並非如此。有一晚在Bistrot Paul Bert，我們的好友同時也是不留情面的美食家Christian Millau就直言不諱地告訴我們：「這道甜點沒有香草味⋯⋯」怎麼會這樣呢？主廚跟我親自嚐過，真的如他所言！魔鬼往往藏在細節裡。於是我們不斷地重新製作、改良配方，然後誠心向客人們請求指教。內心的工匠精神告訴我們：每天都要不斷進步，重視批評勝過讚美。

CAISSE
MM les locataires sont priés de dire leur nom après 22 h
Morgon 2008 Côte du Py J. Foillard 41 €
VIANDOX nouveau! meilleur!
M. RICHAUD TERRE DE GALETS 2009 28 €
AVIS
HENKELL TROCKEN
2 4
INTERDICTION DE FUMER
Petit Déjeuner
Jus d'orange Pressée
croissant ou Tartine
café ou thé
7€
Thés: Ceylan

Le Gorgeon

世界真小！這間位在巴黎郊區Boulogne-Billancourt的小酒館（190-193頁）老闆Christophe Acker正巧是Bistrot Paul Bert的老客人。難怪這裡也洋溢著喧鬧與團聚的歡樂氣氛以及道地的小酒館料理，包括美乃滋水煮蛋、烤腹肉牛排、馬鈴薯血腸餡派、碳烤牛排搭配自家炸薯條等。除了這些美味的菜色外，更別忘了試試這裡口味獨特選擇眾多的葡萄酒。

Rôtis succulents
avec le gril-four
MELIOR
DUBONNET
Grands Vins Mousseux
P. ANDRIEUX
COGNAC
DUBONNET
Apprenez le
ÉPAULE

氣味

鍋裡的香氣

缺乏氣味的餐廳就像是個平面世界、一個二維空間的宇宙，被剝奪了立體的深度。小酒館的氣味就像巴黎街上飄揚的手風琴聲，給予這座城市一股醇厚悠揚的暖風。

—間小酒館有著看不見的勢力範圍，那是氣味所及的疆界。如果捏著鼻子、閉上眼睛走進一間餐館，你必然會迷失方向，得靠鼻子找出廚房和酒吧這些可以定位的座標。在小酒館裡，嗅覺和視覺同樣重要。想想看若是有位盲人來店裡用餐，他的腦海裡會浮現出怎樣的嗅覺景色？就像一波波的香氣源源不斷地迸發流洩出來一樣！小酒館與其他餐廳或是火車站、修車廠一樣，有著屬於自己的氣味識別標誌。一踏進餐館勢力範圍的瞬間，就像掀開一個燉鍋蓋子。小酒館的氣味騙不了人，隨著一道道餐點的製作，你會察覺氣味隨之變化。如果運氣夠好，在這一切開始之前早早進入店裡，你會發覺一股令人放鬆的氣味。那是打過蠟的味道、乾淨桌布的味道，加上存放的香料和新鮮食材散發的香氣。這個時候各種刺激辛辣的氣味尚未現身，空氣中到處飄散著乾淨舒爽的氣息。緊接著，長達一整晚的嗅覺旅程就此展開。從淋上醬汁的肉凍到散發出香草焦糖味的甜點，像在玩跳房子般的嗅覺旅程一格一格前進。小酒館就像氣味資料庫，在這裡可以找到記憶中遺忘或是懷念的好味道，像是撕開麵包的鬆軟麥香，還有起司球、乳酪、烤肉或是各種熱氣蒸騰的燉菜味道。如果一道菜剛上桌便香氣四溢，那麼老闆已經贏得客人的心。烹飪過程中必須隨時注意甘藍菜的生味，魚蝦類所散發出來的腥甜，還有一些野禽的嗆鼻氣味。和所有菜色一樣，你得小心翼翼地料理氣味，從開始到結束的烹調過程中，絲毫不得馬虎。在如此追求均衡的環境裡，任何人身上的濃烈氣味都

無論是在L'Ami Jean、Quedubon或者Bistrot Paul Bert，餐館裡都會充滿了由新鮮食材的芬芳和各種烹煮過程中散發出來的蒸汽結合、交融、展現出來的各種美妙、充滿深度的氣味。

會造成干擾。

試想剛從酒窖中取出一瓶香氣細緻淡雅的白葡萄酒開瓶，結果遇上一陣濃烈的玉蘭花香……會是多麼糟蹋的一件事。還好有設計成窄口的玻璃杯幫我們把酒的香氣收斂其中，也阻隔了外在的各種氣味破壞酒體芬芳。幾乎所有料理的香氣都帶著纖細柔弱的特質。幸好，法國這幾年通過的公共場所禁煙法，讓餐廳裡的客人終於可以舒適地感受各種料理未受破壞的細緻香氣。這項法令生效前，餐館的大廳裡總是瀰漫著各種煙草味，也形成了世人對法國餐廳刻板的看法與印象。在過去的年代裡，小酒館總是煙霧繚繞，有著整晚燈火通明的精力與三五好友臭味相投的歡樂，像是一艘在煙霧渦流中航行的帆船。如今情況不同了，不用擔心煙味破壞料理的味道，反而要特別注意那種完全沒有氣味的餐廳，因為它們通常只能端出沒有特色或是味道不協調的料理。想當然爾，用微波爐做菜的廚師肯定不會讓廚房飄散出各種煎煮炒炸的氣味，在這樣的餐廳裡，也感受不到任何關於美食的喜悅，就像一處沙漠、一處沒有縱深的呆板世界。這就是為什麼氣味對於小酒館如此重要，讓我們的料理充滿深度，讓一間店浮現立體的輪廓與鮮明的個性。

STAUB
STAUB

熱炒小烏賊
佐覆盆子醬汁

4人份

- 500克小烏賊（或花枝、小卷等其他軟體類海鮮）
- 80克覆盆子
- 100 c.c.橄欖油
- 鹽和現磨胡椒

製作方法

小烏賊快速在水龍頭下沖洗過，然後用乾布拭乾。

取一柄大平底鍋或炒鍋，以50 c.c.的橄欖油熱鍋，然後將小烏賊熱炒約30-45秒。

覆盆子以叉子壓成泥，然後將小烏賊取出與覆盆子拌勻。

盛盤時再將小烏賊淋上少許橄欖油即可。

- **一定要選平底大鍋或炒鍋，好讓烏賊可以平鋪在鍋面上，受熱均勻才不會發生有的太生有的太老的情形。**
- **這種酸味水果醬汁搭配熱炒的作法源自於中世紀，當時許多食譜搭配的是青葡萄汁，在此我們只不過是將青葡萄汁換成覆盆莓汁。**

咖哩扇貝

4人份

- 4公斤帶殼新鮮扇貝
- 15克咖哩粉（品牌：Kari Gosse）
- 250克半鹽奶油

製作方法

扇貝快速沖洗乾淨，但不要去殼。

奶油於常溫下放置，等到徹底變軟後與咖哩粉攪拌均勻。在烤盤上平鋪扇貝，然後挖上一小匙奶油鋪在每顆扇貝上。將烤盤與扇貝送入烤箱，以190 °C烤2分鐘即可盛盤。（*參照197頁的照片*）

咖哩粉的種類繁多，在法國最好選擇布列塔尼地區洛里昂（Lorient）所產的Kari Gosse品牌咖哩粉（可以透過網路訂購）。由於洛里昂曾是法屬東印度公司所在地，因此這個牌子的咖哩粉味道最為道地，也最適合海鮮。當然也可以用其他咖哩粉代替，味道會略微遜色。

VIVENT LES VINS...
LIBRES!
DÉGUSTATION LE 13 JUIN CHEZ QUEDUBON
Le nez
Dimanche

ASSIETTE
DE FROMAGES
FERMIERS
10€
SALON DES VINS LIBRES
Naturellement bon!

Quedubon

這間鄰近巴黎Buttes-Chaumont公園的小酒館有兩大王牌：首先，他們的老闆Gilles Bénard是位熟悉小酒館藝術的老手。他先成功地在Faubourg-Saint-Antoine打響Chez Ramulaud的名號，然後又另外開了一間受人歡迎的Les Zingots。料理方面，歸功於他那在Le Baratin主廚Raquel底下學藝的兒子Léo，整體料理風格呈現出素材的本質與美味。鱈魚凍、豬肋排配薯泥、法國西南巴斯克（basque）風味的肉凍或生火腿拼盤，所有的料理都與老闆伯納精選的酒單搭配得恰到好處。

VIVENT LES VINS...
LIBRES!
DÉGUSTATION LE 13 JUIN CHEZ QUEDUBON
22 RUE DU PLATEAU 75019 PARIS
VOTRE ENFANT EST CON?
FAITES-EN UN BALAI!
MAGAZINE
"Le rouge et le blanc"
En vente 12€
MAGAZINE
"ROUGE & BLANC"
EN VENTE ICI
12€

嫩煎鮟鱇魚佐綠蘆筍

4 人份

・4條鮟鱇魚（lotte）魚肉（不帶頭與內臟的後段魚身部分），每份約200克
・800克綠蘆筍，挑選較小較嫩者為佳
・50 c.c. 橄欖油（產地：希臘或西西里島）
・鹽和胡椒

製作方法

鮟鱇魚去皮並且沖洗乾淨。
綠蘆筍沖洗乾淨，然後削去外皮。
煮一鍋滾水加鹽，將綠蘆筍放入煮約8-9分鐘。
取另一柄平底鍋，倒入橄欖油熱鍋，然後將魚肉放入以中大火將兩面各煎約1分半鐘，然後將魚肉取出瀝乾。
盛盤時先將蘆筍鋪在盤面上，然後在上頭擺上魚肉後灑上適量的鹽和胡椒調味，最後再淋上一匙生橄欖油即可。

香煎秋姑佐蔬菜天婦羅

4 人份

・8條俗稱秋姑的縱帶羊魚（rouget de roche），每條約150至200克
・50克麵粉
・200 c.c. 花生油，炸蔬菜天婦羅用
・50 c.c. 橄欖油，煎魚用
・鹽和胡椒
・150克紅椒
・150克青椒
・150克茄子

天婦羅部分：
・20克太白粉
・20克麵粉
・50 c.c. 啤酒
・50 c.c. 氣泡礦泉水
・10克蔬菜鹽（sel de céleri）
・1顆全蛋

製作方法

*天婦羅部分：*麵粉與太白粉倒入一個盆子裡攪拌均勻。在麵粉中央做出一個凹井，然後打入一顆雞蛋並且加入蔬菜鹽。在盆中以邊加入氣泡礦泉水和啤酒，邊以打蛋器攪拌的方式製作麵糊。麵糊攪拌均勻後會呈現略帶濃稠的液狀，然後放入冰箱保存。
紅椒、青椒和茄子切成邊長3公分左右的塊狀，然後灑上適量的鹽和胡椒調味。
取一柄炒鍋，倒入花生油熱鍋。
將切成塊的蔬菜沾滿天婦羅麵糊，分批放入鍋中油炸。等到麵糊表面呈現金黃色時便可取出瀝乾。
秋姑沾滿乾麵粉，輕輕拍打魚身以抖去多餘麵粉。
取一柄平底鍋，倒入橄欖油熱鍋，依據魚肉厚度不同煎約3-4分鐘即可盛盤。

如果蔬菜的麵衣在油鍋中膨脹得很漂亮的話，就代表天婦羅炸得很成功。

STROT

小酒館必備

咖啡——完美一餐的休止符

天下無不散的宴席……於是我們也來到了這一刻！當咖啡送到面前，滾燙的熱氣中浮著一層漂亮的焦糖色泡沫，代表咖啡粉末粗細和水溫都處於最佳狀態。沖出一杯好咖啡的兩大技巧即在於此：現磨的咖啡豆，如果粉末顆粒太粗，讓咖啡機的水蒸氣通過速度過快，將導致咖啡淡而無味，喝起來像摻了水；反之，如果磨得過細，水蒸氣通過速度太慢，則會導致咖啡萃取過度，喝起來又苦又澀。水蒸氣的溫度控制則是另一種技巧，過高會破壞咖啡細緻的香氣，但如果水溫太低，又無法成功萃取出咖啡脂。咖啡，就像葡萄酒一樣深奧，除了沖泡技巧外，咖啡豆的品種和產地風土條件也會影響它的品質與口味：阿拉伯半島的咖啡豆香氣芬芳，南美洲的口味滑潤，非洲的風格強烈；品種分為羅布斯塔（Robusta）和阿拉比卡（Arabica），又可以再將各個產地與品種間的咖啡豆混合調配出不同風味。當然，豆子的洗選處理與烘焙深淺也會影響一杯咖啡的品質和味道。別小看這些咖啡豆，有機咖啡豆、頂級莊園咖啡豆和批發咖啡豆三者的交易量加總起來，足以撼動全球股市。然而，一切的風味都濃縮在小小的白磁咖啡杯內。這杯中的香氣將帶我們展開另一場新的旅程，讓我們回想起尋找香料的大航海時代、殖民地故事，還有那些在烈日下辛苦遠征的探險家。一小杯濃郁焦苦的飲料，是美食愛好者的必經之路。在吃完各式各樣的料理和甜點之後，咖啡會替你為踏上回程的路做好準備。很快的，我們就要和餐桌上的客人說再見，和朋友相擁告別，然後決定今晚的歸處……咖啡，是結束也是另一個新的開始，是一場帶著苦澀焦香餘韻的最終旅程。這樣的餘味繚繞直到帳單出現在桌上才把我們拉回現實。帳單靜靜地躺在金屬小盤裡……服務生等了一會兒，才拿著帳單和信用卡離開。這個時候常會聽到一句話：「不好意思，請再給我們兩杯咖啡好嗎……」

咖啡的品質是小酒館的最後一道音符；絕對不能讓一路從開胃菜到甜點的和諧樂章在最後一刻變味走調。
在Bistrot Paul Bert，我們選擇來自巴西，通過巴拉那州有機農業機構認證的阿拉比卡咖啡豆（IAPAR rouge）。

白乳酪冰淇淋

4人份

・250克高品質農家自製的白乳酪（fromage blanc）
・50克細白砂糖

製作方法

砂糖和白乳酪利用打蛋器攪拌均勻，然後放入冰淇淋機按照一般製作冰淇淋程序即可。

這道食譜非常簡單又美味且四季皆宜。夏天適合搭配酸甜的莓果，秋天可以考慮搭配栗子奶油或巧克力碎片，冬天則適合拌上蜂蜜、壓碎的榛果還有灑上肉桂粉烤過的蘋果片一起吃，春天單吃冰淇淋就好，因為這個時節出產的白乳酪牛奶味道最為濃郁。這道甜點不管大人小孩都會愛上它。

簡易蘋果塔

4人份

・3顆青蘋果
・50克紅糖
・40 c.c.水
・160克奶油
・2湯匙糖粉
・1小撮鹽
・300克麵粉
・1個直徑32公分的烤模

製作方法

取一柄小鍋，以小火將奶油加熱融化，加入水、糖粉、鹽巴一起煮滾。煮滾後離火，再加入麵粉並以叉子攪拌做成麵團。

麵團鋪在烤模上，以手指攤開平鋪做成塔皮。

烤模連同塔皮送入烤箱，以180-200 °C之間的溫度將塔皮烤成金黃色即可。可以選擇在塔皮上灑上一些杏桃乾一起送入烤箱。

塔皮變色後將烤模取出烤箱。蘋果切成薄片後鋪滿塔皮，然後在蘋果灑上紅糖，繼續送入烤箱烤至呈現漂亮焦糖色為止。

這道簡易蘋果塔食譜是Chez Astier和Le Villaret小酒館的前老闆，同時也是小酒館教父的米歇爾・皮卡傳授給我的配方。

Georges Brassens - 1964
QUEDUBON
RESTAURANT
Relais Saint-Ge
le verre volé
LE BISTROT PAUL

巴黎經典小酒館推薦

根據本書兩位作者不同的喜好與邏輯，我們選出以下值得推薦的巴黎經典小酒館。理性的一面，我們試圖透過美學和料理的客觀標準來界定何謂真正的小酒館；而非理性的一面，我們身為顧客同時也是業界人士，往往有著各自的偏好，就像是種難以解釋的私密情感。對我們而言，小酒館應該要有一種自家人的溫馨，像在Le Baratin裡，客人之間往往彼此熟識也都喜愛特定的料理或是葡萄酒，並且認同老闆選擇食材的方式或是選擇葡萄酒的理念與哲學。或者可以這麼說，小酒館懂得聆聽客人的心聲並且明白與客人溝通的方法。在餐館裡，就像在舞台上，每個客人都是演員、擁有屬於自己的角色。小酒館應該要讓客人有種歸屬感，讓客人感覺到自己屬於這裡，感覺到這個地方也是屬於他的。友誼、慷慨和歸屬感，這三樣元素是François Simon和我感性上最看重的部分，也是下面這些小酒館的共同特質。

BISTROT PAUL BERT
18, rue Paul Bert
75011 Paris
Tél. : 01 43 72 24 01
除了以下特別標明頁碼的照片外，其餘照片皆在 Bistrot Paul Bert 拍攝完成。

L'Abordage
2, place Henri-Bergson
75008 Paris
Tél. : 01 45 22 15 49
「參見照片102, 112-113, 114, 115, 139, 174, 210頁」

L'Ami Jean
27, Rue Malar
75007 Paris
Tél. : 01 47 05 86 89
「參見照片4, 36, 72-73, 74, 75, 120, 194, 196, 212頁」

Le Baratin
3, rue Jouye-Rouve
75020 Paris
Tél. : 01 43 49 39 70
「參見照片14, 36, 50, 51, 156頁」

Le Comptoir
9, Carrefour-de-l'Odéon
75006 Paris
Tél. : 01 43 29 12 05 ou 01 44 27 07 97
「參見照片136, 138, 146-147, 148, 149, 150, 210頁」

L'Écailler du Bistrot
22, rue Paul-Bert
75011 Paris
Tél. : 01 43 72 76 77
「參見照片128, 130, 131, 132, 133頁」

Le Gorgeon
42, avenue Victor-Hugo
92100 Boulogne
Tél. : 01 46 05 11 27
「參見照片120, 138, 156, 190-191, 192, 193頁」

Le Grand Pan
20, rue Rosenwald
75015 Paris
Tél. : 01 42 50 02 50
「參見照片79, 164-165, 166, 167, 210頁」

Le Marsangy
73, avenue Parmentier
75011 Paris
Tél. : 01 47 00 94 25
「參見照片4, 36, 55, 84-85, 86, 87頁」

Philou
12, avenue Richerand
75010 Paris
Tél. : 01 42 38 00 13
「參見照片122, 180-181, 210頁」

Quedubon
22, rue du Plateau
75019 Paris
Tél. : 01 42 38 18 65.
「參見照片4, 101, 108, 118, 120, 144, 156, 176, 196, 200-201, 202, 203, 206, 210, 212頁」

Le Repaire de Cartouche
8, Boulevard des Filles-du-Calvaire
75011 Paris
Tél. : 01 47 00 25 86
「參見照片102, 172, 173頁」

Le Verre volé
67, rue de Lancry
75010 Paris
Tél. : 01 48 03 17 34
「參見照片94, 95, 96-97, 102, 138, 157, 210, 214頁」

Le Villaret
13, rue Ternaux
75011 Paris
Tél. : 01 43 57 89 76
「參見照片42, 44, 45頁」

前頁照片：中央人物為Bistrot Paul Bert的老闆Bertrand Auboyneau；其餘四人由上到下由左到右分別為Le Grand Pan餐廳主廚Benoît Gauthier、Quedubon餐廳老闆Gilles Bénard、L'Abordage餐廳老闆Bernard Fontenille、Philou餐廳老闆Philippe Damas。

MENU
à la carte
Asperges Vertes tièdes sauce Ravigote aux Coques 14€
Demi-homard "bleu" au KARI-GOSSE et frites "maison" 38€
St Jacques d'Erquy à la Coque et purée "maison" 24€
Dos de turbot "Sauvage" au champagne 40€
Petites seiches à la plancha, riz crémeux à la tomate 22€
Carpaccio de Fraises au Vin rouge épicé
Fondant au chocolat, crème de basilic 8€
Macaron "maison" à la Fraise Gariguette
Glaces et Sorbets
9€
T.T.C
SC

Bistrot Paul Bert的供應商

感謝一些口耳相傳的情報來源，以及親自到鄉間或葡萄園裡拜訪這些農家或食材供應商的機會，感謝許多的不期而遇和即興試吃品嚐，因為種種的機緣讓我們能夠將各地區最好的風土氣候帶回到我們的餐桌。比起計算成本淨利，我們更在乎農產品的品質以許多現代人早已揚棄的古早生產方式。我們的供應商是一群尊重自己生長土地並且努力耕耘維護的人，我們和他們的關係不僅僅是買賣而已，對彼此的尊重讓我們除了買賣之外，更擁有穩固的交情。畢竟，我們的存在仰賴他們的永續經營。我們也希望這樣的好食材有機會出現在讀者家中的餐桌，因此決定公開這些農家以及食材供應商的聯絡方式。

葡萄酒

• Antoine Arena
Domaine A. Arena
20253 Patrimonio (Corse)
Tél. : 04 95 37 08 27

• Michèle Aubery-Laurent
Domaine Gramenon
26770 Montbrison sur Lez
Tél. : 04 75 53 57 08

• Dominique Léandre-Chevalier
Château Le Queyroux
33390 Anglade
Tél. : 05 57 64 46 54

• René Jean Dard et François Ribo
Domaine Dard et Ribo
26600 Mercurol
Tél. : 04 75 07 40 00

• Jean Foillard
Domaine Foillard
69910 Villié-Morgon
Tél. : 04 74 04 24 97

• Jean-François Nicq
Domaine des Foulards rouges
66740 Montesquieu
Tél. : 06 88 11 83 02

• Romain Guiberteau
Domaine Guiberteau
49260 Saint-Just-sur-Dive
Tél. : 02 41 38 78 94

• Lise et Bertrand Jousset
Domaine Jousset
37270 Montlouis-sur-Loire
Tél. : 02 47 50 70 33

• Agnès et René Mosse
Domaine Mosse
49750 Saint-Lambert-du-Lattay
Tél. : 02 41 66 52 88

• Pierre Overnoy
GAEC Emmanuel Houillon
39600 Pupillin
Tél. : 03 84 66 24 27

• Éric Pfifferling
Domaine de l'Anglore
30126 Tavel
Tél. : 04 66 33 08 46

• Thierry Puzelat
Domaine Puzelat-Bonhomme
41120 Les Montils
Tél. : 02 54 44 05 06

• Jean-Baptiste Senat
Domaine Senat
11160 Trausse
Tél. : 04 68 78 38 17

• Isabelle et Hervé Villemade
Domaine du Moulin
41120 Cellettes
Tél. : 02 54 70 41 76

食材

• Annie Bertin
有機蔬菜供應商
35140 Vendel
Tél. : 02 99 97 63 58

• Jean-Yves Bordier
乳酪供應商
35531 Noyal-sur-Vilaine
Tél. : 02 99 04 17 17

• Borniambuc
乳製品供應商
27210 Fort Moville
Tél. : 02 32 57 83 85

• La Boucherie du Rouillon
肉品供應商
102, avenue Henri-Dunant
91200 Athis-Mons
Tél. : 01 69 38 48 33

• Établissement Cadoret
生蠔供應商
29340 Riec-sur-Belon
Tél. : 02 98 06 91 22

• Établissements Laurent Daniel
海鮮批發商
29730 Le Guilvinec
Tél. : 02 98 58 10 23

• JC David
鮮魚供應商（鯡魚）
15/17 rue Georges-Honoré
62200 Boulogne-sur-Mer
Tél. : 03 21 87 38 31

• **Christophe Dru**
肉品供應商
20, rue d'Aligre
75012 Paris
Tél. : 01 43 43 91 64

• **Jacques Genin**
巧克力供應商
133, rue de Turenne
75003 Paris
Tél. : 01 45 77 29 01

• **Isse et Cie**
日式醬料供應商
11, rue Saint-Augustin
75002 Paris
Tél. : 01 42 96 26 74

• **Stéphane Meyer**
野生蕈類香草採集供應商
83, rue du Château des rentiers
75013 Paris
Tél. : 06 19 55 15 26

• **Jean-Luc Poujauran**
麵包供應商
18, rue Jean-Nicot
75007 Paris
Tél. : 01 47 05 80 88

• **Les Poulardes de Culoiseau**
雞肉供應商
61110 Moutier-au-Perche
Tél. : 02 33 73 87 36

• **La Tête dans les olives**
橄欖製品供應商
2, rue Sainte-Marthe
75010 Paris
Tél. : 09 51 31 33 34

裝潢

• **Jean-Louis Bravo**
二手家具供應商
145, route de Saint-Leu
93800 Epinay-sur-Seine
Tél. : 01 48 23 57 30

• **Drucker**
露天座椅籐製家具供應商
27, rue de l'automne
60129 Gilocourt
Tél. : 03 44 88 32 92
http://www.drucker.fr

• **Pierre Sabria**
裝潢設計師
78, boulevard Diderot
75012 Paris
Tél. : 01 43 38 75 90

「中法對照食譜索引」

再謝一句

終於走筆來到最後一頁，在合上書之前，我必須向本書中提到的所有人物致謝。首先是所有小酒館的老闆或主廚，依照在本書的出場順序，他們分別是Olivier Gaslin (Le Villaret)、Raquel Carena (Le Baratin)、Stéphane Jego (L'Ami Jean)、Cyril Bordarier (Le Verre volé)、Bernard Fontenille (L'Abordage)、Gwenaëlle Cadoret (L'Écailler)、Yves Camdeborde (Le Comptoir)、Rodolphe Paquin (Le Repaire de Cartouche)、Christophe Acker (Le Gorgeon)、Benoît Gauthier、(Le Grand Pan)、Francis Bonfilou (Le Marsangy)、Gilles Bénard (Quedubon)。多虧了他們的選擇和支持，讓餐飲業得以串連起這些畜牧業者、葡萄農、蔬果農或是採集野生蕈類香草的農人、漁夫和生蠔養殖業者，共同為一個正在復甦的自然農業世界而努力。

另外要感謝世上所有對自家產品充滿熱情與尊重的供應商，以及所有隨著季節而努力不懈更換食材與菜單的廚師們。特別感謝我們的主廚洛宏以及整個內場團隊，他們堅守住Bistrot Paul Bert的餐桌，對料理品質絲毫不退讓。同樣感謝L'Ecailler du Bistrot的主廚東尼・杜可洛以及他的團隊的貢獻。感謝服務生和清潔工們，以及所有為小酒館所付出過的人們。最後一聲感謝，給那些雖然沒有在書中提及他們的姓名，但一定知道字裡行間都是在訴說他們事蹟的人們。

貝爾東・歐布瓦諾

作者

貝爾東・歐布瓦諾（Bertrand Auboyneau）

Bistrot Paul Bert老闆，成功創造巴黎餐飲界傳奇。透過這本書，他將和我們分享這十二年來的點滴心得，以及與廚師、餐飲業者、酒商、客人以及這間老派風格的Bistrot餐館所共度的幸福時光。

法蘭朔・西蒙（François Simon）

法國知名作家，為《費加洛報》（Le Figaro）執筆「酥脆筆記」（Le Croque-notes）、「食不厭精」（Haché Menu）、「胡椒磨」（Le Moulin à poivre）等專欄奠定其美食評論家的名聲。寫書之外每週六早上亦在法國Direct 8電台主持「餐桌之下」（Les dessous de tables）美食節目。

攝影師

克里斯提昂・撒哈蒙（Christian Sarramon）

專精於生活藝術的攝影工作者，攝影作品包括《諾曼地生活藝術》（L'Art de vivre en Normandie）、《巴黎老饕》（Paris gourmet）、《巴黎貪吃客》（Paris gourmand）、《法式經典甜點》（Délice）中。

譯者

趙德明（Frederic Chao）

台北人在巴黎，愛好庖廚之道的新手父親。現就讀於巴黎高等農業學院博士班，同時為台北、上海多家出版社及雜誌特約翻譯。與友人合著部落格paris-exercices-de-style.tumblr.com。

Bistrot 走進巴黎小酒館

原書名／ Bistrot　著者／ Bertrand Auboyneau、François Simon　譯者／趙德明
食譜審訂／蘇彥彰　封面設計／許瑞玲　內頁排版／劉靜薏

總編輯／王秀婷　責任編輯／魏嘉儀　版權／向艷宇　行銷業務／黃明雪、陳志峰

發行人／凃玉雲　出版／積木文化・104台北市民生東路二段141號5樓・官方部落格：http://cubepress.com.tw/・電話：(02) 2500-7696・傳真：(02) 2500-1953・讀者服務信箱：service_cube@hmg.com.tw

發行／英屬蓋曼群島商家庭傳媒股份有限公司城邦分公司・台北市民生東路二段141號2樓・讀者服務專線：(02)25007718-9・24小時傳真專線：(02)25001990-1・服務時間：週一至週五上午09:30-12:00、下午13:30-17:00・郵撥：19863813・戶名：書蟲股份有限公司・網站：城邦讀書花園 網址：www.cite.com.tw

香港發行所／城邦（香港）出版集團有限公司・香港灣仔駱克道193號東超商業中心1樓・電話：852-25086231・傳真：852-25789337・電子信箱：hkcite@biznetvigator.com

馬新發行所／城邦（馬新）出版集團・Cite (M) Sdn Bhd 41, Jalan Radin Anum, Bandar Baru Sri Petaling, 57000 Kuala Lumpur, Malaysia.・Tel: (603) 90578822・Fax:(603) 90576622・email:cite@cite.com.my

Direction de l'édition : Ghislaine Bavoillot ／ Direction artistique : Isabelle Ducat

Printed in Singapore by Tien Wah

2013年（民102）10月25日 初版一刷
售價／ NT$880　ISBN 978-986-5865-24-5